阿里巴巴设计新趋势
实战篇 II
天猫双十一
设计实战与解析

阿里巴巴设计委员会　编著

GLOBAL
SHOPPING
FESTIVAL

Alibaba Design

HUMAN TOUCH
EMOTIONAL
ENTERTAINMENT
GAMEPLAY
DATA DRIVEN
PRECISION DESIGN
INTELLIGENT DESIGN

DESIGN
YEARBOOK

电子工业出版社·
Publishing House of Electronics Industry
北京·BEIJING

CONTENTS

上篇
让设计触发情感
HUMAN TOUCH

前言

说起双十一，大家自然会想到每年不断刷新认知的成交数字，作为设计师，能参与其中深感荣幸，但荣幸之余，体会到更多的却是使命和责任，因为创造这些数字的背后，是一个个鲜活的人，他们来自不同的国家和地区，来自不同的城市或乡村， 来自不同的家庭和文化背景……这些数以亿计的不同个体持续来到同一个"双十一"，也带来了各自不同的需求，这些需求既有理性层面的，也有感性层面的：理性交织着感性，物质伴随着情感，它们不断在此汇聚演变，推动着双十一从内涵到外延的演进。双十一设计最大的挑战就在于，当我们面对越来越多元的需求、面对不断升级的消费者，如何将这种演进巧妙的表达给我们的消费者，让他们形成共赢、共情、共鸣。

与此同时，随着疫情在全球蔓延形成的连锁反应不断冲击着我们过去形成的全球化协作网络，这直接或间接造成了成千上万的品牌、中小商家、新国货商家、外贸企业、产业带工厂、农产品商家面临的挑战，"双十一"可以参与帮助他们建立新的供需关系，让企业能够更好地活下去。这让 2020 年的双十一相比以往，意义更加特别。因此大家可以看到原本"双十一全球狂欢节"升级为"狂欢季"，把全年最实惠的一天，变成两波售卖期，拉长了狂欢的时长。一方面是帮助商家，带来更多增长、更多机会，让商家真实感受到"生意在变好"；另一方面为消费者提供更多选择、更多便利、更低价格、更大实惠，让消费者切身感受到生活品质在变好。让双十一，通过"买买买"所带来的理性价值，最终转化为 "天猫双十一，让我好起来"的情感价值。

谈到情感，相信各位设计师朋友都会想起"情感化设计"这个词，但双十一设计本质上还是要服务于体验更好、效率更高的商业。因此，"情感化设计"用在双十一，听上去更像是个人情感的表达，好像设计就是为了表达情感，它缺少目标感和策略性。而"让设计触发情感"才是我们发力的方向。两者的区别不只是在字面上，重点在于我们做设计的出发点是什么，我们想要通过设计帮助商业拿到什么结果。回到"双十一"本身，我们的目的只有一个，就是如何让更多的消费者在"买买买"的同时，喜欢上天猫双十一。"喜欢"是一种情感，但想让消费者触发这个情感，还需要设计师回到业务的本身，更加理性深入地思考，更加系统有效地创意并组织内容，在商业和用户情感之间建立起沟通的桥梁。

EMOTIONAL

「 调动情感 」

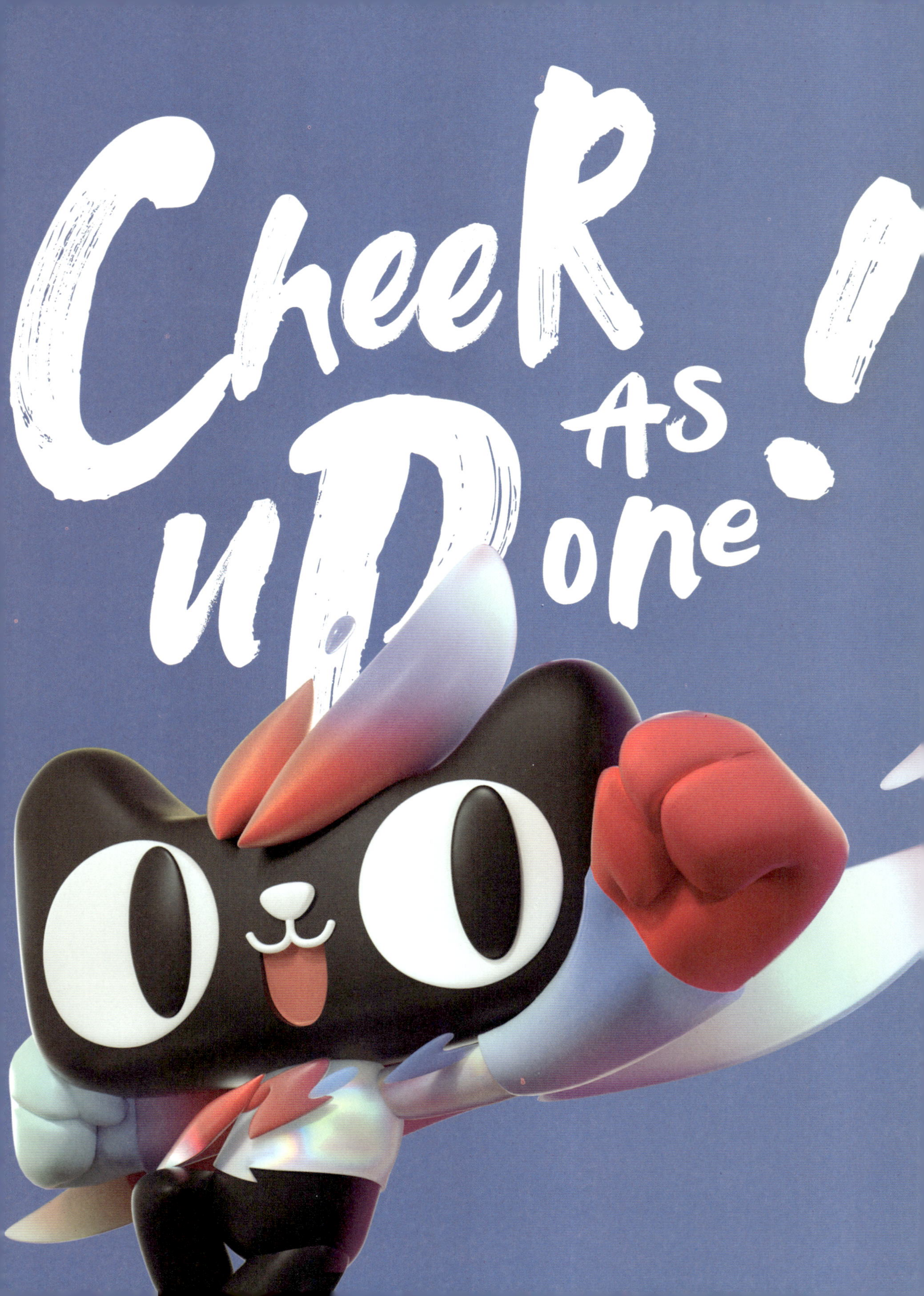
CheeR
uP AS one!

BRAND DESIGN

双十一品牌全案
用设计振奋人心

一起挺你，
尽情生活

罗马不是一天建成的！

天猫双十一也不是一蹴而就的。

奇迹的背后，是包括市场、客户、合作伙伴在内的所有人十年如一日的自我挑战、追求极致的共同结果。但同时，对于阿里小二来讲，双十一也成了一项无比艰巨的任务，他们需要在所有人的期待和关注下，顶住压力给大家一个惊喜。

这其中就有一支神秘的队伍：天猫双十一品牌设计团队，正是由于他们背后的持续耕耘，不断刷新"双十一"的"颜值"，才在潜移默化间让一个购物节开始真正拥有了"节日"的味道，让设计和设计师在整个双十一中发挥出越来越重要的价值。

他们有着怎样的坚持？又是如何突破自我的？相信听完他们的故事，自然就会有答案。

2020 年是双十一的第 12 个年头，基本上每年双十一品牌设计一经发布，我和团队成员就会陷入深深的焦虑。"明年你们打算怎么玩？"熟悉我们的朋友总是和我打趣，其中一半是玩笑，一半也确实是我们内心的真实写照。

记得前两年我就提到，天猫双十一 Logo 可能是最难的 Logo 之一，其难点在于，在"猫头 +11.11"框架不变的基础上，如何在仅剩的 20% 设计空间中去传达每年不一样的主题，赋予"双十一"一个新的内涵。

其中最大的挑战还是符号本身，这些年我们以每年几百个方案的量来尝试不同的表达，能玩的形式基本上都尝试了一遍。

在 2020 年项目初期，我确实也在想，"不就是设计一个 Logo 嘛，想那么多干吗？"所以，我们倔强地尝试从纯粹的设计形式上寻找突破口，在设计出一版又一版方案之后才发现：要么似曾相识，要么完全看不懂，这显然是一条不归路，但时间的压力却真真切切地摆在那里。在这个紧要关口，我们将何去何从？

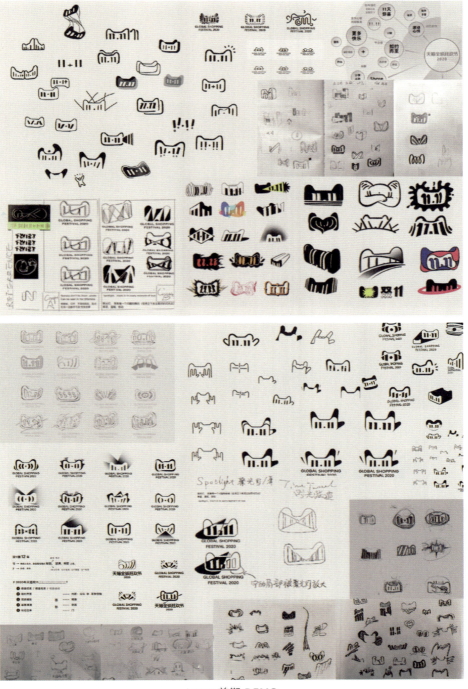

Logo 前期 DEMO

一个声音开始不断地在脑海中响起："全局着眼，细节着手"。

这些年，每当项目进展陷入僵局时，我都会想起它。

"全局着眼"讲的是不能单一、片面地看问题，要把事物放在全局中考虑，不仅要考虑事物本身，还要考虑它和其他事物之间的联系和关系。只有这样，才能洞察到事物的本质，无从下手往往是因为看得不够广、不够深，找不到切入点，"眼盲所以手乱"。

"细节着手"讲的是全局的思考最后要巧妙地落在细节上，深入浅出，用细节的力量触动人心。

共创过程

那么，又应该如何"全局着眼"？

首先，回到设计的本质来看，"设计的本质是将一个想法和观点，通过设计的转译，巧妙地传达给受众。"其中的核心是要先找到"想法和观点"，而"想法和观点"来自如何通过一个全新的视角看待原本熟悉的事物。

因此，设计团队的小伙伴们开始不断地问自己一个问题：对于双十一，我们还有什么新的想法和看法？"全年最实惠的一天""购物狂欢节""买买买""不止 5 折"……这些都是大家耳熟能详的东西，是不需要去说大家就都知道的事。

那么 2020 年的双十一又和过去的有什么不一样呢？

2020 年确实不平凡。

疫情产生的连锁反应影响到了每一个人。大家开始关注新冠肺炎的确诊数、关注熔断后的道琼斯指数、关注受影响的地区和人数、关注银行里的存款数……而本该体验美好生活的计划被搁置或者延后，原本触手可及的理想生活在 2020 年变得异常难得。

"生活，本该是我们珍惜的一种经验，而不是要一起捱过去的日子"。

文学大师莫言的金句，放在当下，十分应景。假如没有疫情的影响，人们的生活会更加理想。这是深藏在每个人内心的真实诉求。

理想生活，本该如此！

生活，本该 全力以赴

生活，本该 在街上与爱人握紧双手

生活，本该 与家人随时相见

生活，本该 体验未知

生活，本该 到想去的风景中

生活，本该 是我们珍惜的一种经验
而不是要捱过去的日子

不平凡的 2020 年

一句感叹脱口而出，它就是我们当下内心真实的写照，是所有人都能感受到的共鸣！这一刻我们仿佛被点亮，心中莫名兴奋，激动不已。

当激动的心跳逐渐平缓，头脑恢复冷静，我们又陷入了深深的沉思……

理想生活，本该如此！然后呢？行动号召是什么？

和双十一又有什么关系？

理想生活，本该如此

中国有种大智慧叫

「 想尽一切办法好起来 」

品牌洞察

回顾过去，每当我们的民族或自身遭遇困境时，总能激发起骨子里那股不服输的精神。不管眼前有多难，现实有多残酷，你总能见到身边那些勤劳积极的人，面对生活的艰辛，默默地付出，想尽一切办法让自己好起来。这是最朴实而真实的愿望，也是扎根在每一个中国人骨子里的"大智慧"。正是这种"大智慧"，让我们总能一次又一次地从困境中走出，然后又一步一个台阶，让生活越来越接近自己理想中的样子。

理想生活，本该如此！

所以要"想尽一切办法好起来"——每一份认真生活的理想，都值得被鼓舞。

2020 年的双十一和往年相比有着更加特殊的意义——作为一个购物平台，面对后疫情时代积极参与经济恢复的社会责任，不仅要将双十一这个节日延续下去，同时还要通过这个节日让广大商家和消费者重振信心！

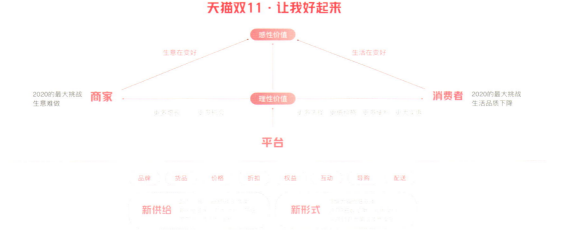

品牌沟通策略

因此，天猫双十一在业务上也和往年有了很大的变化：

首先是新供给：2020 年的双十一，会让更多的品牌和商家入场，不仅将原有的品牌翻倍扩充到 25 万家，同时还把重点放在扶持更加需要帮助的 500 万中小商家、新国货商家、外贸企业、产业带工厂、农产品商家，让他们借助双十一走出困局，焕发新生。

其次是新玩法：将原本"双十一全球狂欢节"升级为"购物狂欢季"，把全年最便宜的一天变成两波售卖期，拉长了狂欢的时长。一方面可以为商家带来更多增长、更多机会，让商家真实感受到"生意在变好"；同时也让消费者有了更多选择、更多便利、更低价格、更大实惠，让消费者切身感受到"生活在变好"。让双十一通过"买买买"所带来的理性价值，最终转化为"天猫双十一，让我好起来"的情感价值。

我们把这个情感价值翻译成了与所有人共通的语言 ——

Cheer Up!（生活会更好，加油！）

天猫双11·让我好起来 —————— Cheer Up 生活会更好，加油！

可感知的创意表达
转化成一种人类共通的情感表达，提炼视觉元素，建立共情、共鸣。

核心创意策略

想到这里，2020 年品牌设计的方向越来越清晰，这就是我们通过"全局着眼"而得到的设计方向。

接下来就需要从"细节着手"把"Cheer Up!（生活会更好，加油！）"具象化地表达出来。再一次回到"猫头 + 11.11 + ？"公式，和之前不同的地方在于，再次回来后的方向变得清晰了很多。

Cheer Up! 通过哪些具体的画面能够直观地感受到？

生活会更好，加油！

它可能是疫情结束，和老友重逢时的亲切问候

可能是走出隔离点，面对美好风景时的高呼

也可能是来自某一个重要人物的赞同

还可能是比赛落后时的加油

是胜利时的庆祝

甚至是陌生人和你打招呼

…………

都会让你感受到力量

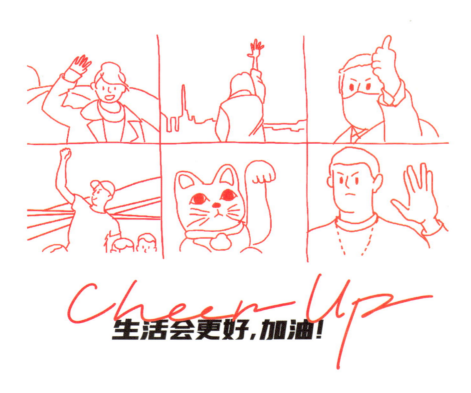

Cheer up

将这些画面集合在一起细心地观察，不难看出这些画面多少都有一个共同的细节之处：就是大家都会情不自禁地伸出手臂，内心活动配合肢体传递出自己的能量。这个动作非常直观地让人们感受到了向上的正能量，这是不用解释就能理解的语言。

再把"猫头 + 11.11 + 振臂高挥"结合在一起时，浑然天成；只是增加了一个小细节，整个符号突然有了生命力。

—— 天猫伸出圆（援）手，为你加油！

尤其是配合动态表达，一目了然，这就是我们所要的深入浅出！

把难以理解的图形直接转化为一个活生生的形象，面对面和所有人沟通。

2020 天猫双十一主 Logo

Logo 与 Slogan 设计

多语言版本 Logo

当然，搞定了 Logo 和 Slogan，还只是整个双十一品牌设计中的第一步。

接下来，还要把"Cheer Up!（生活会更好，加油！）"这个核心创意延展到线上线下各个场景，让大家全方位地感知到这股振奋人心的力量。

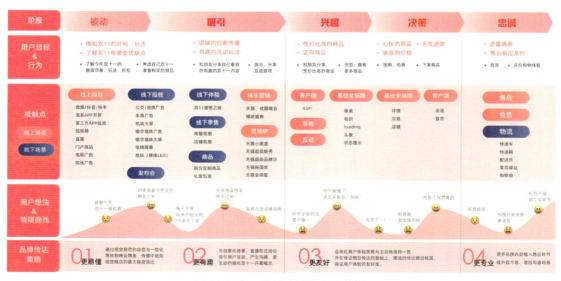

2020 双十一品牌全链路体验地图

天猫双十一·全世界的狂欢季

2020 双十一 Format "上扬的生命力／ Up"

首先，通过提取品牌心境映射中"振臂高挥"的积极态度，结合其视觉映射"上扬的生命力"的明确感知，定义了简洁有力的品牌 Format: Up！

2020 双十一品牌 Format "向上的生命力／Up"

同时，将标识动态与品牌 Format 结合在一起，定义了线上动态品牌版式。不仅适应了日渐多媒体化的投放环境，也进一步增加了与用户进行情感化沟通的场景。

2020 天猫双十一定制礼盒

在过去几年，已向大家介绍过天猫双十一主风格的来龙去脉；而 2020 年，在传承双十一节日氛围的同时，在视觉主风格上做了进一步创新：同样通过提取品牌心境映射中"振臂高挥"的积极态度、结合视觉映射"上扬的生命力"的感知，尝试用更明确的视觉系统来传达"Cheer Up！"这个核心创意。

相比符号，视觉风格更加直观、更易感知，它可以通过形、色、质、构形成全方位的表达。

2020 双十一品牌 Format 开屏

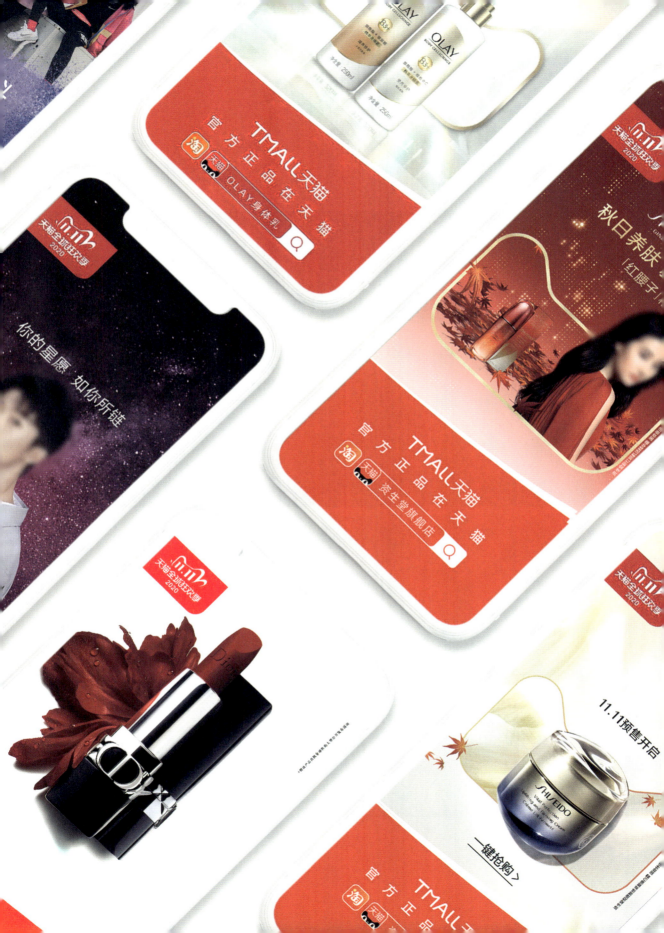

2020 双十一视觉系统 "向上的生命波长／ Up"

置身于万里晴空中，喷薄而出的、充满力量的上扬缤纷飘带……

将这些元素相结合，就形成了 2020 年双十一独特的视觉语言；再加入温暖且刚劲有力的手写 Slogan 与形、色、质、构的拆解，应用到各个场景中。

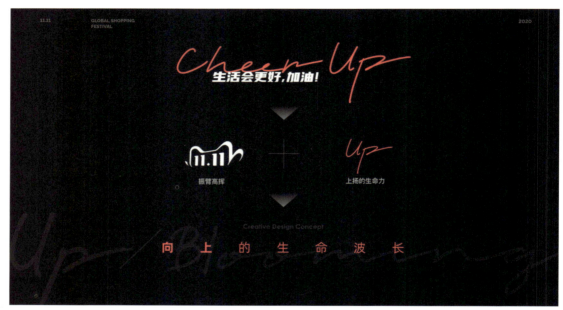

2020 双十一主视觉系统："向上的生命波长／Up"

2020 天猫双十一新闻发布会：开启的仪式！

天猫双十一·理想之城：携手 8 座城市、与全中国"1 起挺你"！

2020 双十一限定天猫形象 "给力猫"

更为突破的是，天猫在2020年继猫头海报品牌资产落成后 —— 通过双十一限定天猫形象，集结全球8个国家的108个IP组成"挺你天团"！一起为年轻人的生活态度发声！

"罕见名场面！" 天猫与百大 IP、世纪大同框

天猫与变形金刚、小猪佩奇、Hello Kitty、泡泡玛特、海尔兄弟等世纪大同框！它们一起组成划时代的超级联名，为年轻人的生活态度发声！力挺你尽情热血、尽情自我、尽情燃、尽情佛、尽情旅行、尽情阅读……

每一种理想生活 —— 都有我们

以及这颗星球上的超级 IP 们

1 起挺你！

1 起突破次元壁！

SUPER IP

1.2

超级 IP
超级有感

挖掘设计价值，
让商业美而简单

不同圈层货品的双十一 IP 专场

2020 年双十一营销 IP 与往年最大的不同点在于，IP 不仅承担着表达品牌心智的职能，同时还要帮助品牌更好地表达商品力。

天猫小黑盒、天猫超级品牌日、天猫超级新秀和天猫国潮作为市场营销的四大 IP，分别从新品、超级品牌、新品牌和新国货 4 个维度承担 2020 年的"商业化"任务。

而设计从两个维度为 IP 助力。会场产品侧：效率升级，加速商品转化；品牌传播侧：创意内容升级，传递品牌价值。

效率升级，加速商品转化

对于 IP 营销而言，基于内容的效率升级是 IP 营销成长过程中必不可少的一个重要环节，尤其在 2020 年面临巨大的商业化压力时，提升效率、加速转化更是迫切需要解决的难题。

1. 精简信息框架，聚焦用户关注点

2019年，超品营销会场的核心方向是内容化，展现品牌魅力。因此会场上使用tab承载品牌多维度的内容：除了货品本身信息，还展现了品牌的历史、高光时刻。

但是大促节点消费者的心态还是以看货为主，tab 点击率比较低。因此在保留去年大框架的基础上，对框架信息做了精简，将内容聚焦在 100 个品牌的 100 款实力货品及权益上。

框架结构上整屏一分为三：自上而下分别为品牌信息、货品信息、权益信息。

品牌维度：聚焦品牌信息，帮助用户快速识别品牌。

货品维度：丰富了货品本身的展现形式。除了静态商品图，还融入了商品视频背景和 360° 商品展示。同时还增加了货品特色标签，用以丰富用户对货品的认知。

权益维度：聚焦权益信息，强化了权益和行动点，引导用户进一步做出决策。

2019

2020

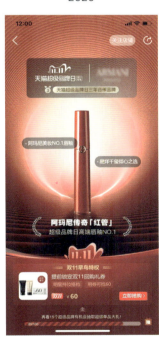

01： **品牌信息区域**
聚焦品牌信息
帮助用户快速识别品牌

02： **货品信息区域**
聚焦货品本身，
通过增加货品特色标签
丰富用户对货品的认知

03： **权益信息区域**
聚焦货品权益，
通过权益刺激用户点击

2019 年与 2020 年会场结构对比

超品营销会场展示效果

2. 精简楼层，拓宽内容分发阵地

过去以行业楼层为主导的流量分发模式已经到达其效率顶点，加之这种楼层层层叠叠的堆砌方式占了太多屏幕高度，对流量和内容的分发起到的作用越来越小。对于商业化而言，楼层的"利用"价值越来越小，所以精简楼层并拓宽内容分发的阵地是设计师需要给出的解决方案。

在 2020 年的会场设计中，设计师大幅度精简楼层，同时将更多的商业化内容混排在 feeds 流里。用户只需刷到第二屏就可以看到 feeds 流，而以往用户需要刷 5~6 屏后才能看到。feeds 里面的商品是与用户强相关的货品，用户愿意花费更多时间在 feeds 上。在 feeds 上停留的时间越长，商业化内容也越容易被关注到，从实际数据也可验证这一判断的准确性。虽然楼层的位置是在 feeds 之上，但是点击数据却并不及 feeds。

2019 年与 2020 年会场框架结构对比

创意内容升级

为了力挺疫情下的中国品牌，天猫国潮在双十一选择了一个半公益型的传播方案，让品牌们同窗露出、不分你我；同时联合央视背书造势国货大事件，爆发性地彰显中国品牌故事的力量及中国文化情怀，塑造其商品价值。

设计思路

借"赛事打破圈层，凝聚一起加油"的洞察，推导出"超级碗挺你"的概念。"碗"的谐音梗除了表达碗二，作为日常必需的饮食器皿，还代表着工作、生意、生活等被稳当地托扶着。在表现形式上，采用了脑洞较大的翻新梗来突围双十一大环境下一系列有态度、有温情的视频。

天猫国潮"超级碗"传播海报

"超级碗"还联合八大品牌和景德镇陶瓷艺术家定制了一套"实体碗＋礼盒"包装。碗的花纹创意体现出了不同品牌的产品，表达出了不同品牌挺你的激情态度，无限循环的赛道表示无限的激情，也是对消费者无限的祝福。在礼盒包装上，以天猫猫头为载体，把礼盒顶部打造成一个运动会场，盒子内部的碗两两拼出天猫的眼睛，采用年轻化的色彩拼接表达出活力和热情。

天猫国潮"超级碗"包装

结束语

设计和商业的有机结合对设计师而言一直都是一个很大的命题。尤其在新兴的营销 IP 场景中，更需要设计师利用敏锐的观察视角，立足商业本身，挖掘设计价值，让商业美而简单。

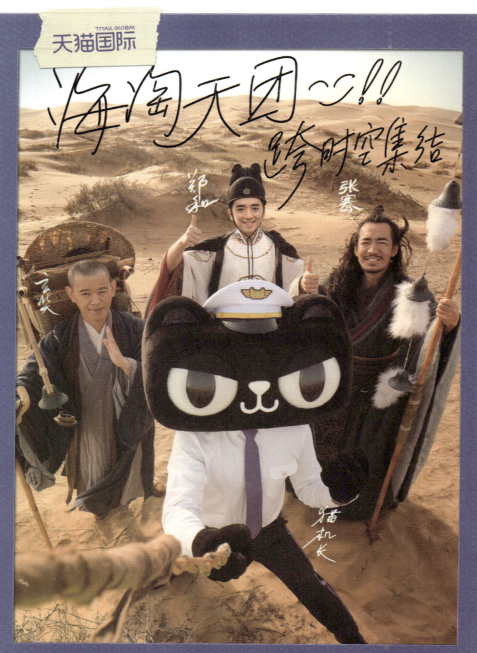

TMALL GLOBAL

1.3

心系全球
天猫国际/海淘双十一
品牌创意全案

美好生活，
十一开始

天猫国际——《海淘 2000 年》

精神消费是最容易达成最大公约数的消费，比起实体类、物质类的消费，与精神消费相关的品牌往往更能达成共识并引起用户关注。在 2020 年双十一传播创意中，天猫国际跨越时空，集合玄奘、张骞、郑和 3 位中国历史上的"顶流博主"组成一支"海淘天团"，推出一系列拥有趣味故事感的 Vlog，溯源并再现了中国古代的海淘历史，也传承和重塑了"海淘精神"的内核。

带有"职业买手"标签的郑和，在马鲁古群岛的外号是"包起来"，他眼睛尖、下手准，在看似出手阔绰的同时，竟是个暗戳戳的无敌砍价王……

作为一名自大唐以来首位自费出国的留学生，玄奘在前往天竺国取经礼佛的过程中，顺势带回了连咖喱味都能完美祛除的牙刷，一举解决了长安人的"口气"问题。

从庄重严肃的古代官员印象到洒脱狂放的现代探险家形象，"张骞出使"在Vlog中摇身一变成为"公派出国"。他不仅在西域沿途收获了13年磨难的人生大礼，而且饱经风霜，为中原带回了"葡萄美酒"的正宗好货。

1. 关于 idea，怎么想到从历史的角度出发

最初的设计灵感来自复旦大学葛兆光教授的《从中国出发的全球史》。葛教授打破国别史的历史观给了我看待"海淘"的一个全新角度，原来没有一个国家的"本土文化"是不曾受到来自海外物品交换（海淘）的影响的。举例来说，吃辣是四川的本土文化，也形成了四川人独特的个性。但在明朝以前四川根本没有辣椒，辣椒是在明末时期才从南美绕了个大圈被带到中国，没想到落地生根，吃辣成了中国文化的一部分。顺着这个角度，我们开始追溯中国古代早期海淘者的足迹，以及他们从世界各地带回来的有意思的物品，从而找到了"海淘两千年，继续新发现"这个概念。

2. 为什么要用 Vlog 的形式？

答案是 Vlog 更有趣，更适合当下的时代场景，同时让古人化身视频博主，对着镜头讲述海淘的经历、展示个人魅力，这是大家在正剧里看不到的。而且，这里讲的是海淘历史的传承，采用 Vlog 的形式更容易被接受。短片一方面通过经典的历史故事与意象，降低用户的认知成本；另一方面，则以戏仿的手法和历史场景的嫁接，为不同片段的演绎置入新的想象和悬念，促使消费者由被动观看变为主动欣赏，有效强化品牌记忆。大漠景象的真实感还原、人物地道的方言口音、Vlog 第一视角的代入感，这些都能制造出一种沉浸式的观看体验。"公派出国""有点洋气哦"等口头禅和网络流行语的运用，以一种创意的轻巧劲儿，撬动品牌在年轻圈层的自发传播。

3. "海淘精神"的内核

正是借助于古今海淘专家的对话与仪式感交接，我们横向挖掘历史文脉，纵向调动集体记忆，延续了"海淘发现精神"的内核。不仅透过人格化的机长形象，输出了品牌的优势和使命，树立起高度的辨识；而且在消费者心中制造价值锚点，为品牌的价值塑造带来新的增量。在这样一种历史价值感与精神传承感的背后，彰显出来的是天猫国际对中国自古以来发现精神的灵活贯通，以及它对于海淘精神追根溯源的心志与价值使命。从传播角度去考量，具有生活场景化、深度互动性的 Vlog 形式与趣味价值感的内容加持，也促使创意本身成为一种社交货币，助力海淘精神在娱乐感较强的传播语境下，形成流量脉冲和心理认同。

天猫海淘——《全球乐享官》

天猫海淘主要面向海外的华人群体，因此我们发现，海外的华人除了语言文化的共性，也会有比较明确的城市聚集特性，例如在加拿大，华人大多数都在温哥华，因此也会有当地自己的华人群体和 KOL（关键意见领袖）。

全球乐享官就是以城市做出发，寻找能代表每个城市的华人 KOL，结合当地的特色场景来推荐更多来自中国的好物商品。例如，澳洲的留学生带着从淘宝淘来的遮阳伞和防晒神器，自在地走在南半球的艳阳下。

因为疫情封城的影响，所有的项目组成员和海外分站的成员都遇到了"出不去""进不来"的问题。很多可以当面解决的问题都必须克服语言、时差的障碍，整个合作从创意到执行都是纯线上进行的，从沟通人选、选定场景、沟通分镜到最终拍摄、后期修片，通通都是线上沟通指导，堪称史无前例！

值得一提的是，由于疫情的限制，这次的拍摄没有专业的人员和摄像装备，所有的拍摄都是由海外分站的 KOL 独立完成的，整体脚本的执行完成度和手机拍摄的质量对于后期修片是一个较大的挑战，但经过大家的不懈努力和对优质作品的极致追求，最终克服了种种困难，产出了一条属于天猫海淘的双十一全球华人的传播创意短片。

《全球乐享官》传播 TVC

在创意层面，用"美好生活，十一开始"的主题概念串联影片和所有的平面传播物料，6 位海外分站的 KOL 在各自的生活地区用自己的方式传递着对双十一的情感和期待。双十一全球狂欢节牵动着大家的心，在疫情期间将温暖传递给全球华人。

海淘版站内开屏

ENTERTAINME

「 内容设计 」

NT

OPENING LIVE BROADCAST

双十一开幕
直播盛典

一起挺你
尽情想象

前言

拥有 12 年丰富经验的天猫双十一从大型购物促销场景走向了内容多元、丰富性高、娱乐性强的社会性节日。与往年不同，2020 年的双十一在节奏上拉长了售卖周期，随着每年娱乐化设计的升级，要用优质的内容形式来承载每年不一样的变化，才能为即将到来的"巅峰期"做好预热铺垫及开场。

作为 2020 年双十一开始的娱乐化营销 IP 打头阵，天猫联合湖南卫视共同打造了一场全新概念的"天猫双十一开幕直播盛典"（之后以"直播晚会"统称），区别于以往的传统晚会，其全新的尝试也赋予了项目组及导演组更多的挑战性。

直播晚会的设计

1. 了解设计背景

直播晚会形式以线下舞台明星演出及线上主播直播为主，放大演出声量，线上以直播带货提升成交转化为核心目标；本次直播晚会引入商业直播全新概念——"穿屏直播"，将各大淘宝直播间搬上晚会主舞台，并邀请了当前最红的头部主播同台同框，在以腾空为中心的主舞台周围设立 17 个直播间，如同一个字宙星系架在演播厅内，用 1 块主屏链接 17 块小屏，可以随时切换镜头，用户无须跳转，便可以通过大屏镜头关注到小屏中的直播情况，欣赏晚会盛况之余也不妨碍购物体验。同时，这场极致的舞美及传播将参与帮助双十一品牌提升娱乐性和话题性，从直播晚会前期造势传播预热，演出中在会场和直播间的边看边买以及演出后的持续声量讨论，设计师需要有一条清晰的娱乐营销设计策略。

2. 明确设计策略

直播晚会为 2020 年首创，经验为零，这意味着要与业务及湖南卫视进行更加密切的沟通；通过业务目标来明确 2020 年直播晚会的设计目标——开幕心智与商业转化。所以在设计策略上以用户心智线和会场效率线并行，心智线探索的品牌视觉最终的落点会在视觉包装、舞美、传播、直播间氛围、线上会场等；会场效率线则通过预热、互动植入和正式期 3 个阶段来承接不同流量的站内转化；通过整体设计，吸引用户的注意力与兴趣，并让用户感到愉悦满足、放松休闲，从而在线上端降低用户的跳失率，让用户拥有一个线上线下整体的沉浸感受。

双十一开幕直播盛典设计目标

双十一开幕直播盛典设计链路落点

3. 概念设定

概念的设想是创造性思维的一种体现，是完整而全面的设计过程，它是通过设计概念将繁复感性及瞬间的思维上升到统一而理性的思维，从而完成整个设计，提升用户的认知到感知过程。基于天猫双十一品牌 "一起挺你，尽情生活" 的概念口号，开幕晚会作为娱乐化场景的透出，需要富有节日氛围及晚会心智的概念引导贯穿整个链路，所以在前期进行概念探索，这基于直播晚会的内容形式新颖，演出和直播的有机结合穿屏，各个圈层的明星大咖网红们齐聚一堂，同时还有丰富的互动奖品红包带来的满足感，给人带来无限想象空间，因此获得全新的晚会理念 "一起挺你，尽情想象"，并转化为晚会的视觉语言，从而在现会层的各个场景落地。

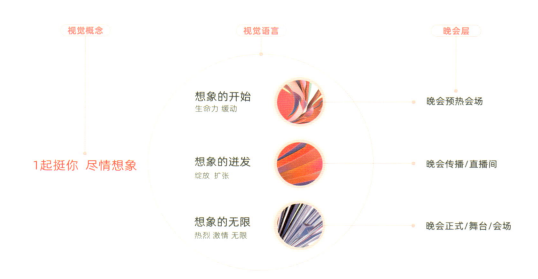

双十一开幕直播盛典阶段心境映射

4. 全域体验链路打造

a: 主视觉落地

如何可视化视觉语言？可以寻找各种可感知到 "想象" 的场景及画面，如无限空间、星空、夜空、无际、梦幻、漩涡、轮回、光圈等，通过这些抽象元素提取了构成、色彩、元素、空间等，再确定了形、色、质、构的基础设计语言，不仅在视觉上给人以冲击力，在应用延展上也要做到易延展落地特性，经过多轮尝试及精细化打磨，最终形成了开幕晚会的主视觉。

双十一开幕直播盛典主视觉

形、色、质、构设计语言

b: 舞美栏目包装

通过对直播晚会的品牌心智定位表达及各个落地的项目拉通，在整体舞美及栏目视觉包装上沿用主视党风格体系并结合湖南卫视特色节目视觉规范，希望带给用户全链路体验的集合；从晚会前期的预热传播介段，各个明星的透出及打 call 吊足了消费者的期待胃口，从而在晚会当天集中流量爆发及流量分发为各晚会直播间和会场引流；线下在舞台周边悬空着几条向上蔓延趋势的装置灯带，巨大的猫头装置迎合夜晚在星光霓虹光影交错，营造出了精彩的视听盛宴，配合晚会中主播与明星间的"惊喜"互动，成为当晚的热门话题，霸占热搜排行；整场晚会的收视率也成为整个双十一期间所有晚会五网收视"第一"。

舞台现场

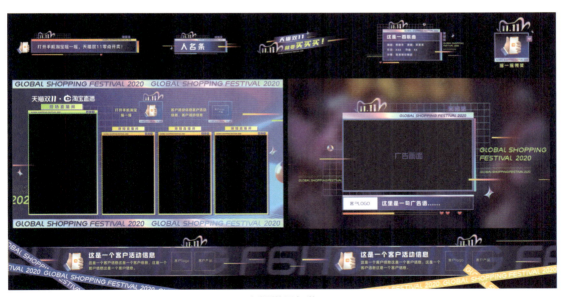

电视栏目包装

c: 明星内容价值——提升店铺流量

这些年，天猫在品牌营销娱乐化场景里的探索取得了很多突破，"饭圈粉丝"对娱乐产业有着强有力的支撑，站外明星的一举一动都可在"饭圈"掀起波澜。站内一只 idol 代言的口红，一夜之间可以卖到脱销，带有明星与产品的坑位，不仅可以吸引关注度，而且可以和商品强强联手，增加点击率。因此在晚会会场设计上，采用最大曝光明星和明星礼为主体版头及模块坑位，传递品牌性质和消费者、粉丝们的沟通，增加会场点击率及进店引导。

线上会场及互动页

d: 会场及互动的用户转化

开幕晚会同时兼具很强的娱乐属性和消费属性，娱乐属性主要通过晚会形式去呈现，而消费属性则通过会场和直播的形式去承载。其中，会场是主要的购物转化场景，因为会场具有容量大、扩展性强、时间依赖度低等特点，非常适合长时间满足线下的用户购物行为。而直播则作为晚会当天购物氛围和传播的引爆。

会场的设计原则主要体现在 3 个方面：氛围、效率和转化。首先是氛围，主要通过会场版头体现，由于是晚会会场，所以需要呈现与晚会相关的氛围，给用户一定的晚会透出。结合已有的资源，决定使用明星作为版头，然后根据不同的时间段去切换一个版头的明星。同时，版头还需要透出晚会的主视觉风格，以及天猫双十一的品牌元素，这些都可以在会场版头中找到。

在效率方面，主要考虑首屏和前三屏的效率。需要确保在首屏，用户不仅能够看到版头，还可以看到会场核心抓手——种子红包、优惠券，以及最核心的会场商家位，甚至是部分商品楼层。在第二屏，需要能够看到商家位、大部分商品楼层及"猜你喜欢"板块。效率其实是按照用户的阅读顺序进行设计的，三用版头保证基础氛围，然后用优惠券和种子红包权益吸引用户，最后再完成一个购物转化。对于会场来说，效率是最核心的考量指标。

在转化方面，这次做了种子红包的互动。种子红包是以权益为核心的一种互动玩法，它围绕目标—行为—反馈—奖励等几个环节去设计。首先需要给用户一个明确的目标，使其愿意参加互动，让用户第一次进入页面就弹出一个弹窗，在弹窗里告诉用户会赠送给他一笔初始奖金，如 5 元，用这笔钱来吸引用户参加。当用户通过做任务达到 10 元后，就可以获得这个红包。有了这个目标后，就可以顺理成章地让用户完成指定的任务，从而达到商业上的转化价值。通常而言，这个转化价值不大，有"灌水"嫌疑，但此次的数据显示，用户实际上完成了很好的转化，在点击率和成交方面都有惊人的增长。每当用户完成任务后，在首页上都会显示一个金额，这个金额会发生跳动，告诉用户他的进展情况，也就是一个行为的反馈。为了完成这个行为闭环，还设置了一个发奖环节，对于没有拿到红包的用户，在晚会当天进入会场，会为他发放一笔奖励来作为补偿。最后的数据显示，自从种子红包上线后，会场的各项数据都有了大幅提升，是一次比较成功的设计。

在活动期间，通过多渠道进行活动的曝光是必不可少的环节，比如晚会预热期阶段在会场植入种子红包互动，在导入流量变化不大的情况下，各项数据大幅提升，借此刺激用户参与、分享并扩大曝光。用户有了任务机制，完成任务后即可得到奖励，通过激励反馈设置，引导用户产生情感的投射和变化。

结束语

2020 年的双十一从单日爆发升级为双节点开售，本次直播晚会也以"直播电商 + 娱乐节目"的方式呈现，在主播和明星跨界、电视横屏和手机竖屏直播切换之间，也看到了一套流量的合理梳理和再分配。这种舞台与直播间既相对独立又互相联动的模式，在不违和的情况下解决了表演和带货相互割裂的难题，将文艺表演、电商购物、直播带货糅合在一起，通过内容以更加柔和的方式带动了直播电商完成升级。

同时，这次尝试也为设计师们积累了良性的经验价值与契机，直播晚会作为大型跨公司及部门职能的合作项目，需求频繁调整和临时突发状况都非常考验设计师们的上下游协同能力。同时设计师还应多去探索设计边界以外的娱乐化场景及内容的开拓创新和思考，不断加以尝试，逐步探索电商设计到娱乐设计的有机结合，从而达到设计赋能商业的目的。

GALA NIGHT

2.2

双十一晚会
消费者的"春晚"

娱乐与消费场景深度
融合，发挥更大价值

前言

2020 年的开篇，疫情背景下的线上娱乐与商业

疫情像是一个"导火索"，加速了"线上娱乐 + 商业"的脚步。

艾媒咨询数据显示，2020 年全年中国在线文娱市场规模将超 5000 亿元，较 2019 年增长 30% 以上。艾媒咨询分析师认为，受疫情影响，在线文娱产业得到激发保持增长态势，业内平台同时加紧业务布局和升级，产业价值进一步放大。

后疫情时代在线文娱行业发展趋势展望

1. 用户在线文娱习惯持续养成，中国在线文娱市场持续升温

后疫情时代下，用户在线文娱习惯持续养成，中国在线文娱市场将保持持续升温态势。而在流量红利逐渐消退的背景下，90 后、00 后年轻用户群和三四线城市及以下的下沉市场将成为中国在线文娱平台重点布局的新消费群体。

2. 在线文娱市场呈现新内容、新业态

后疫情时代下，短视频、网络直播、网络动漫、网络文学、游戏、音乐等在线文娱内容形态将进一步交叉结合。此外，在线文娱与电商、教育、文旅等业态也将深度融合。与此同时，伴随着直播、短视频等新媒体的发展渗透，传统文娱也将加速线上化进程，以云综艺为典型的新型在线文娱类型将日益增多。

3.5G 技术驱动硬件与软件结合，用户在线娱乐体验提升

后疫情时代下，5G 新基建也在加速落地。5G 时代下，AR、VR 等技术将进一步提升虚拟界面的表达能力。新科技将为中国在线文娱行业带来全方位的体系重构和娱乐体验升级，互动广告、360°全景视角、AI 虚拟人等全新的交互体验也将不断优化。

随着2015年电商晚会元年的开启，2020年各大主流电商平台与国内五大卫视合作，推出7台购物狂欢晚会。强大的明星阵容，多样的节目内容，酷炫的舞台呈现，新奇的环节设置，晚会竞争越发激烈，各台晚会争相吸引观众和消费者的关注，拉动消费，助力电商平台在双十一抢占市场先机。

猫晚作为结合内容与线上消费的国民级大型商业晚会，已经连续举办了 5 年，已从需要解释的新物种成长为拥有众多跟风者的顶级文娱 IP，伴随着进入成熟期的猫晚，设计师们也在时刻自问，商业会让文娱变得更好吗？文娱能让人们感受到真实的幸福吗？在 2020 年疫情困局之中，文娱能为用户提供什么样的价值呢？

2020年的设计重点是同时满足用户"内容消费 +商品消费"的双重需求，加大对商家"品牌曝光 + 商品销量"的支持，将手机淘宝购物体验联通到猫晚直播间观看体验的整体链路，继续为线上用户和商业化客户的连接做好服务。在保证用户观看体验的同时，通过互动、购买过程让用户保持快乐和新鲜感，同时也在用户愉悦的心情下为复苏中的商家客户提升更多的品牌曝光度。

所有这一切，都代表着娱乐与消费场景产生了更为深度的融合，发挥着更大的价值。

双十一狂欢夜的宣发

2020 年的天猫双十一晚会在后疫情的大环境下，作为国民热度极高的 IP 代表，有责任和义务在"创伤"过后传递更多的人文关怀和希望。双十一 Slogan "一起挺你，尽情生活"也坚定了晚会的基调和主题。晚会分为 4 个篇章：坚定梦想，我站你；享受此刻，我陪你；突破界限，我赞你；拥抱未来，我挺你。既呼应了双十一主题，也展现了双十一晚会丰富的维度。

舞美
"超级符号"像只猫头，由695块"小方块"组成

元素
从现场舞美提取视觉特征

"超级符号"猫头　　695块"小方块"　　像素风　　放射结构　　隧道

概念海报
概念海报背景元素

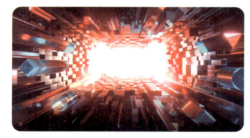 

1. 提炼"超级符号"，打造视觉初印象

随着舞美搭建的推进，2020 年史无前例的全新舞台刷新了猫晚自己创下的纪录。3D 立体屏概念更刷下了业内"全国第一"。整个猫晚主屏幕由 695 块可以移动的小方块组成，并能够以每秒一米的速度向前推进。晚会舞美超大猫头形状"超级符号"，结合两侧多元通道，共同营造"未来集市"的概念。

在此概念下，依托舞美结构，海报视觉中加入"方形、隧道、光、放射结构"等元素衍生出"方形""三角形""圆形""菱形"，一一对应"双十一狂欢夜"四大篇章内容，进而呼应不同主题、不同阶段的艺人官宣，整体视觉基调既统一又有变化。

○ **艺人官宣海报**
推演出4个图形和配色。作为艺人官宣海报的4个主题背景元素

2. 从用户洞察出发，构建用户沟通视觉体系

结合大背景和双十一主题，2020年的艺人创意视频和平面拍摄在创意雏形阶段便定下了"尽情""新生活""美好"这几个关键词，并期待其成为治愈人心的一味良药。通过日常生活中大大小小的娱乐见闻，展现生活中多彩和有新意的一面，提振后疫情时代下的大众情绪。

○ **拍摄现场**
装置门后是一条多彩的隧道，暗示新生活的开始

○ **平面海报**

在拍摄置景上，搭建了一条多彩的隧道，隧道的开阔与动感暗示着美好新生活的开启。而在短视频拍摄中，根据艺人的特性与话题来细化脚本，如吃串串、臭美、养生等主题，在提炼艺人自身标签印象的同时，展现出日常生活中的一个个美好片段，突出享受美好生活的大主题，例如：

艺人方言："川渝人／吃串串—尽情安逸"

艺人称呼："谐音梗／骑凳子—尽情耍帅"

艺人人设："养生／保温杯—尽情养生"

艺人标签："打工人／搬砖—尽情搬砖"

艺人成果："电影获奖／场记板打板—尽情生活"

○ **短视频分镜**
根据艺人的人物特性和个人的话题等来细化艺人脚本

洞察大背景下的用户心理，短视频的方式拉近了与用户之间的距离，而在剧情设置上，采用反差手法强调情感与情绪的变化，进而彰显态度和价值主张：

2020 年对每个人而言都很难，无论生活多么糟糕，我们都要一起挺你，去发现生活里的小满足，尽情享受当下。

双十一狂欢夜的视觉体验

1. 舞美连通世界观，打造"内容消费"视觉沉浸感

猫晚在用户侧最核心的互动行为是"观看"，历届猫晚都需要以观看的"沉浸感"作为首要体验，这项工作的核心是在"形状、色彩、材质、构成"上，拉通现场舞台和直播间的视觉符号和氛围，这是每年猫晚的重点工作之一，我们对此已经有了一些经验。而 2020 年在增加了手淘购物链路的基础上，需要进一步增强晚会现场、晚会直播间和手淘购物页面 3 个场景的一致性。

○ **现场舞台和直播间的视觉氛围和符号**
每年猫晚的重点视觉工作

猫晚现场舞台

住 1 猫晚 学现效果

形状
从现场舞美提取视觉特征

舞台天猫耳朵　　未来天梯　　未来感包框　　直播间天猫耳朵　　直播间阶梯状装饰　　直播间装饰元素

色彩
与现场舞美色调保持统一性

舞台配色　　直播间配色

材质
打造与现场舞美相同的线上视觉质感

像素风　　未来风灯管　　亮反光炫彩装置　　像素肌理背景　　直播间背景　　直播间装饰

构成
从结构上贯通现场舞美的视觉特征

隧道结构　　隧道结构应用　　对称结构　　隧道结构应用

一致性的结果
从现场舞美提取视觉特征

晚会现场的感官体验不是凭空盖楼，每年的晚会在舞美设计概念的呈现上都会推陈出新，不只是因为猫晚作为电商晚会的引领者，同时也在尝试结合当年的社会背景，提取大众的共情点和关注点，探索和定义符合当下心理层面的视觉形态。

一方面，2020 年从时间上人们跨入了一个新的十年；从数字上来说，这是一个未来感十足的年份，曾经人们只能在科幻小说和电影里看到人们对于 2020 年的想象。

另一方面，因年初的疫情所导致的商业环境低迷，商家们也强烈憧憬一个更好的未来能尽快到来，以及复苏的商业环境和重新定义的商业形态。

对时间上"未来感"的期待，对电商重启"市集感"的想象，这些思路涌入脑中，2020 年猫晚的最终切入点选择了"未来市集"。对于用户和商户来说，迎合他们的想象，打造一个凸显"未来感"体验的晚会视觉包装，同时强化"市集感"元素去匹配 2020 年晚会 + 购买——"边看边买"的形式。

〇 "未来市集"概念设定

兼具"未来感"体验的晚会视觉包装和"市集感"元素

时间元素在场景视觉里的映射

从晚会播放的时间点出发，在夜晚基本色调为蓝紫之上，点缀体现科技感的点状电子灯光

夜晚蓝紫调

蓝紫调应用于灯光上

城市元素与电商元素的结合

强调高楼林立的深渊感，并结合电商的特性

楼顶灯牌　　　无人机　　　店铺灯光　　　未来店铺　　　科技货箱　　　物流传送带

未来感场景

未来城背景

在"未来市集"概念下，设计师们参考了大量赛博风格的作品，并抽取带有共性的元素特征。

从"时间、环境、角色、行为、道具"出发去设定线上体验的主视觉，从晚会播放的时间点出发，在夜晚的基本蓝紫色调上，点缀体现科技感的点状电子灯光。在环境上包含霓虹灯、全息影像和滚动的店铺招牌。以极富立体感的城市为背景，强调高楼林立的深渊感，穿插出现飞碟、无人机等科技元素，同时还结合电商的特性，适度展示金属快递箱、打包机械臂、透明的物流传送管道等。最终结合多种未来风格的定义，将直播间包装成一个橱窗，居中作为节目单的猫头图形由"方块形元素"构成，与 2020 年舞台方块形组成的猫头高度匹配。同时，将展示商家店铺的品牌城包装为充满彩色电子招牌的"未来城"。

通过上述设计手段，将"功能场景"转化为让用户充满探索欲的"环境场景"，大大避免了用户因多界面多场景目标所带来的跳失，增加了线上猫晚全链路的娱乐沉浸感。

○ **功能场景转化为环境场景**
通过上述设计手段，将"功能场景"转化为让用户充满探索欲的"环境场景"

2. 延续星秀猫世界观，打造商品消费统一心智

在整体的体验链路上，"内容场景"与"消费场景"协调兼容地出现在晚会体验链条的两端，是本次和集团星秀猫世界观拉通的起因。

当用户使用一键跳端从优酷猫晚直播间到手淘星秀猫页面获取购物权益时，意味着"观看"心智即将切换为"权益和购物"，如果不能做好视觉承接，则意味着用户可能产生非常错乱的换端体验，甚至造成观众的直接流失。

为此，通过与淘系互动设计团队进行多次方案探讨，决定将星秀猫 IP 引入直播间。如此一来，用户在双十一狂欢节对星秀猫已有认知，再到双十一狂欢夜播间中接触到星秀猫，继而跳端到星秀猫巅峰时刻手淘业务的页面，就能产生良好的承接。

经过多轮沟通，已对星秀猫 IP 的世界观设定和角色、故事线结构有了较为深入的了解，星秀猫 IP 作为猫晚直播间的虚拟角色，也成为了连通优酷直播间和手淘售卖场景的"情感媒介"。

权益官

导游 导购 陪看

温柔萌猫

型酷子弟

叛逆乐郎

身份包装：从星秀猫Eleven到首富猫Eleven

拉通手淘世界观，承接集团统一形象，
区分晚会场景心智

"首富猫"在晚会场景

歌舞联动　　　　明星打call

商品推荐　　　　晚会乐章

晚会预告　　　　晚会乐章

"首富猫"在未来城

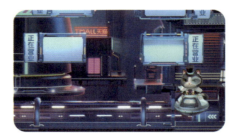

在星秀猫 IP 中共有 3 只性格各异的猫，需要从中选择最适合体现权益、商业特性的一只作为直播间世界的主角。经过对比，选择了兼具霸气和神秘感的小黑猫 Eleven 作为晚会直播间内的角色进行延展。在星秀猫 IP 的世界中，Eleven 就是一个通过自身才华和智慧的经营获得了很多财富的角色，这样，在猫晚的"未来市集"之城，由它来完成直播间中权益的分发也更符合人设。另外，Eleven 爱玩、喜欢结交朋友的性格也很适合在直播间内承担"导游、导购、陪看"等任务。在猫晚直播间的世界观中，还为 Eleven 包装了未来城市的"首富"身份，以强化角色和权益之间的联系。其服饰道具的设计均体现了"多金（权益属性）+ 科技（内容属性）"的融合属性。

身份包装：从星秀猫Eleven到首富猫Eleven
拉通手淘世界观、承接集团统一形象，区分晚会会场黑心智

未来城"首富猫"角色的融合属性体现
Eleven的服饰道具的设计，均体现其"多金（权益属性）+科技（内容属性）"的融合属性

通过这两招组合拳，"节目 + 直播、优酷 + 手机淘宝"的协作系统，为用户提供协调和贯通的视觉沉浸感，同时，通过这一视觉概念满足用户和商户对晚会"创新""意义""功能"等多个维度的需求。

双十一狂欢夜的互动体验

基于用户喜好的"个性化"观看

2019 年的直播间，从突破传统观看体验出发做了多视角的功能，摒弃了导演视角的单机位，增加了更多固定机位，让用户有切换观看的选择权，收到了很好的效果。

在此基础上，2020年的直播间更加贴近用户的喜好维度，升级了"多视角"2.0版本，这个功能被称为"迷妹之眼"，顾名思义，它能进一步精准地服务用户对舞台上单个明星的观看需求，借助黑科技，打造以用户个人喜好为中心的追星视角体验，彻底实现晚会观看的"个性化"。

通过一个简单地点击，即可在播控中体验黑科技带来的体验，移动端的用户将实现横竖屏无界切换，且画面在横竖切换时会一直保持追踪 C 位爱豆的不定向移动。

借助技术人员的算法，利用人体追踪和画面显著性的算法技术，通过大量的机器学习完成横竖屏幕的画面构图，进而实现 AI 对镜头的自动识别；在不增加现场拍摄难度和沟通成本的情况下，AI 自动捕捉的镜头画面几乎可以做到和导演组、摄像组人工捕捉一致，保证了观看的超高顺畅度。

在播放体验上，针对新播放形态带来的一系列创新播放设计，进行了大量细致的优化，在播放体验和实现成本之间取得了比较合理的均衡。为了同时满足猫晚的强互动需求，通过横屏露出互动按钮和部分锁三角度两个方式，在屏幕旋转的过程中尽可能多地保留了互动界面，不降低用户的互动率。

在如今娱乐信息大量做加法的背景下，这样的设计从用户个人出发，只突出用户最想看的明星，并且帮助用户通过技术锁定角色的面部，屏蔽其余干扰信息，不错过每一个偶像的细微表情，对"迷妹"们而言实在是太友好。这也是该项技术首次在晚会直播中落地应用。

"迷妹之眼"

无论屏幕的任何角度，都可以追踪明星在舞台移动的位置，锁定半身和面部表情

竖屏视角　　　　　　横屏视角　　　　　　　　　　　　斜屏视角

"迷妹之眼"效果图

移动端的用户将实现横竖屏无界切换，且画面在横竖切换时会一直保持追踪C位爱豆的不定向移动。

结语

猫晚结束了，用户也记住了"治愈人心"的明星，充满黑科技的"神级舞美"，观众身临其境的"未来市集"，与爱豆零距离接触的"迷妹之眼"……

作为 11 月 10 日线上娱乐的高光时刻，双十一狂欢夜或许能以其独特的"娱乐 + 消费"的双重属性，引发在艰难中的消费者带来情感上的慰藉和激励，让所有人在体验晚会内容之余，还能通过消费延续每个个体对未来理想生活的追求，不断营造一个独属于自己的物质和精神世界。

感谢每一位在文娱战场上奋斗过的战友不惧挑战，互相力挺，放手一搏，我们不断成长，相信坚持，我们充满热爱，并肩向前，尽心尽力为用户和客户服务才是王道，让猫晚超越猫晚！对比以往，不留遗憾！

摘要

http://www.zj.chinanews.com/jzkzj/2020-02-14/detail-ifztrass1776859.shtml

疫情下的"宅"娱乐：线下娱乐产业积极转型线上

https://www.iimedia.cn/c1020/72616.html2020

中国后疫情时代在线文娱行业发展潜力、机遇及趋势

2020
TAOBAO LIV

LIVE STREAM EXPERIENCE

2.3

双十一视频直播
看见新体验

把视频的创造力与
价值回报带给商家

前言

经过几年的火速发展，直播和短视频从新锐小众内容逐渐走向了更多人，成为商家卖货、用户消费的重要媒介。又到了双十一狂欢节，直播和短视频将会扮演怎样的角色，如何给用户带来更好的购物体验、给业务创造更大的价值，下面分享一些我们的思考。

"一目了然"的直播会场

1. 那些年的直播会场

从 2019 年双十一开始，直播不再仅仅作为内容穿插在各个场景中，开始有了自己独立的会场。那时候直播会场与其他商品导购会场结构相同，"静态版头 + 双列流"组合，将商品替换成了直播间。为了突出直播特色，2020 年 "618"期间，将版头的静态图替换成了直播间模块，这次尝试也证明了即使在大促会场，动态的版头视频相比图片对用户更有吸引力，对整个会场的点击率有正向影响。

2. 直播会场信息框架

为了平衡体验与效率，2020 年双十一依然保持了 "版头建立心智 + 双列流高效传递内容"的页面框架，将设计重心聚焦在动态版头的体验表达上。希望通过版头突出直播特色，提升页面点击率。

版头的位置天然决定了给用户的第一印象。希望通过版头告诉用户，"你已进入了直播会场、这里有优质的直播内容"。手淘用户千千万万，每个用户的兴趣点各不相同，动态的画面、热闹的售卖氛围、有趣的主播，以及各具看点的商品，每一个都可以成为用户驻足观看的理由。于是整理出了直播间的实时主播、用户、商品信息在版头中透出，营造热聊热卖的氛围。

直播会场信息框架

3. 一个布局解决体验 & 效率问题

接下来要思考，上面的这些特色信息应该如何呈现。目前，线上的绝大部分直播都是竖屏拍摄的，画面以 9:16 为主，透出在会场中画面越大、显示越完整、越能够营造具有直播特色的沉浸式观看体验。但另一方面，手机屏幕寸土寸金，不希望占用过多的空间、降低会场整体内容分发效率，希望透出更多优质内容来"命中"用户。

经过一系列的方案尝试和效果测试，发现画面贴边的直播窗口更有沉浸感，将 9:16 的直播内容适当裁剪成 3:4，既可以保有观看体验，又能够节省占用面积。通过右侧的小窗口和主窗口进行联动，每隔一段时间自动切换，可以透出更多的内容。

双十一直播会场

4. 运营策略和数据效果

项目上线后，通过对双十一期间整个直播会场的数据进行跟踪，与运营一起观测不同时段、使用不同投放策略时的数据效果，可以看到，新版头对比"618"期间点击率大幅提升，在一些关键时间节点、配合投放优质主播资源效果更加明显。沉浸式的体验就像放大镜，让有特色的主播和商品更加引人注目，整个会场的内容和主题一目了然。新版直播会场也作为保留能力成为后续双十二、年货节等大促的标配，会场的体验也在一次次演练中逐渐成熟。

有趣的直播互动

1. 丰富有趣的内容都是潜力股

会场考虑如何将用户引入直播间，直播间则考虑如何让用户停留、转化。优质的内容可以带来更长的停留时间和互动率，也就意味着有更大的成交潜力。很多主播反映，希望能在直播中跟用户有更多互动，有更多趣味性的内容来调节直播节奏，缓解持续带货带来的体验疲劳。更丰富、更有趣的电商直播内容势在必行。

2. 直播互动方向探索

几年来，已围绕电商属性推出了红包雨、猜画夺宝、猜价格赢红包等一系列直播营销互动，每个互动对互动率、停留时长都起到了促进作用。但想要对这些互动举一反三进行延伸时，这些基于客户端的玩法则暴露出开发成本高、周期长、版本迭代慢等问题。于是将目光投向了快捷灵活、更具直播媒体特色的摄像头识别小游戏。这类小游戏在市场上的很多娱乐型产品中已经比较成熟，可是如何将它们与电商直播融合起来，这个问题目前还没有答案，这也是设计师正在思考的命题。

直播营销互动——猜价格赢红包

3. 电商特色互动玩法

市面上基于摄像头互动生成的趣味短视频丰富多样，所看到的一个个精彩内容背后往往是创作者几十次甚至上百次的尝试拍摄、平台算法的层层筛选，最终脱颖而出的标杆内容。相比之下，直播互动的主要参与方是主播，互动本身的目的也是吸引用户观看，调节直播间氛围。擅长带货的淘宝主播们在趣味表达、玩法操作能力上可能并不在行，再加上内容实时转播并没有彩排和后期处理的机会，因此整个过程有很强的不确定性，互动"翻车"的概率大大提高。但换一个角度来看，这种"不确定"带来的新奇体验反而成了互动内容的一部分。那么如何设置直播互动玩法、如何在互动中将主播和用户更好地串联起来，就成了设计师最关注的核心问题。

4. 互动玩法是否成功，设计至关重要

2020 年的双十一为多个品牌定制了直播间专属互动玩法试水效果，玩法是否成功其中的设计至关重要。设计师会深度参与从目标对焦、玩法设计、可行性评估到体验细节的每一个阶段。

直播互动玩法设计流程

（1）目标对焦

目标对焦阶段重点明确业务和品牌的互动玩法应用场景及核心诉求。是为了配合推出新品营销还是常规活跃氛围？主要希望引发传播还是提升互动率和时长？

（2）玩法设计

玩法设计阶段主要通过制定规则保障游戏的可玩性。互动玩法的故事背景是怎样的、采用哪一种互动类型、用户如何参与、难度如何设置等，这些都是决定可玩性的核心要素。例如乐事品牌定制游戏，双十一期间品牌发布新款薯片，设计师结合吃货特性设计了天降薯片的玩法，屏幕上方掉落各种不同的薯片，主播用

嘴接到即可得分。掉落的薯片有普通款和新款的样式区分，新款薯片的得分值更高。游戏开始时大概率掉落普通款薯片，用户可以通过在直播间点赞给主播加油，增大掉落新款薯片的概率，帮助主播获得更高的分数。主播在获得高分后则可以根据观众的要求，派发礼物或发放直播间优惠福利。这样就将直播互动的不确定性转化成了主播和观众共同完成目标的契机，增强观众的参与感，拉近主播和观众的距离。

（3）可行性评估

创意雏形形成后进入技术可行性评估阶段。算法是否精准、新玩法是否依赖客户端版本升级，开发成本、难度及最终性能如何，这些都是需要综合考量的问题。目前，围绕常见动作识别、表情触发的小互动，已经可以做到快速迭代、规模化应用了。

（4）体验细节

最后是体验细节设计。结合手淘互动设计规范及品牌诉求设定游戏风格，在玩法百花齐放的同时保持平台体验的统一性。结合玩法对一些细节进行情感化表达，比如在为戴森定制的吹气球游戏中，当飘动的气球被接住或碰到手机屏幕四壁时，气球的表情会发生变化，配合音效让游戏看起来更有趣味性。

（5）好戏刚刚开始

双十一期间，主播使用互动后用户的观看时长和互动率都得到了很大提升，也沉淀下来了完整的直播间小游戏设计链路，以及天降好物、跳舞机、弹球、跳一跳等经典玩法类型。未来将结合不同的场景探索更丰富的玩法，将小互动变成直播间的基础能力，让更多的主播使用到，提升游戏互动性，增强用户的参与感，让主播带着用户一起玩。丰富有趣的电商直播体验正在路上……

直播互动玩法——吃 Bo 吃 Bo

视频内容质量提升

1. 视频内容背景

持续高热的短视频不断收割着用户的时间，2019 年双十一期间视频主要做了两部分内容：框架层搭建视频会场，承接不同主题场景的视频聚合与分发；信息层将视频货品背后的权益、变价、互动等营销信息前置，与内容做联动，提升高价值信息的触达率。

2019 年，淘宝短视频的日均播放量已持续稳定在数亿，随着用户体量的快速增长，用户对视频内容的可看性和丰富度都有了更高要求，因此在 2020 年的双十一，设计师回归视频消费的本质，集中从源头去提升内容的"质"与"量"。

2. 如何定义优质电商视频

视频质量中最大的困惑就是如何去定义视频的好坏。大家都有自己觉得好看的视频，有趣、真实、潮流……如何将这些感性的判断转化为理性的评估标准是首先面临的问题。

通过对数百条爆款视频进行分析和测试，从内容解构中沉淀出了一些标准。

（1）优质样本圈定

首先以数据为基础：按行业维度，综合可看性、黏性和导购性 3 类数据，提取 TOP 视频为基础样本。再通过感知评估纬度进一步聚焦：综合平台内容方向（有情、有趣、有用、有品）与行业特征，对基础样本进行筛选与补录。最后，做竞品维度的提取哺入：从竞品中选取受欢迎且符合平台定位的部分，丰富样本池。

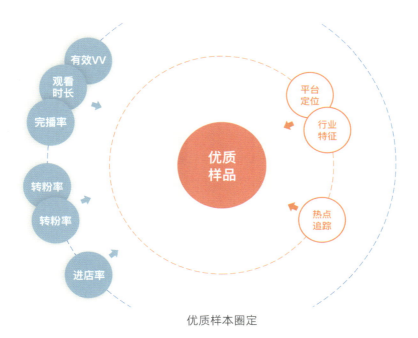

优质样本圈定

（2）脚本解构

针对优质内容的解构，从视听语言的影像层、声音层与元素表现层切入，对圈定的样本进行拆解，再结合电商特质从拆解的要素中寻找规律，将规律整合打包为内容脚本。

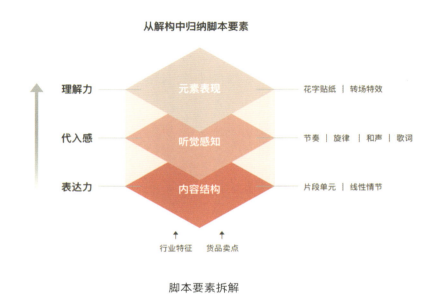

脚本要素拆解

（3）测试修正

将脚本应用于内容生产指引，从消费数据、感知和创作成本 3 个维度切入回收测试反馈，围绕商业价值与可用性对沉淀的脚本标准进行持续的修正与拓展。

3. 双十一视频内容质量提升策略

大促内容诉求暴增，如何帮助创作者更快、更准确地生产出用户爱看的内容呢？

内容是关于人心的产品，在于触动了哪部分人的情绪，为他们解决了什么问题。首先进行内容视角的转变，从纯货品展现或品宣视角转向从消费者日常所需出发的观众视角，去整合双十一主打的品类趋势和热点特征，将其核心卖点内容场景化，提炼出 11 种当下强共情的消费诉求作为本次内容话题（如盛世美颜、宅家懒宅、朋克养生、不做饿梦、时髦人设、出去狂嗨、谈个恋爱等）。

其次，匹配每个话题对应不同的行业特征与优质内容脚本。

最后，在生产前将话题方向与脚本案例以宣讲会和白皮书的方式下发，解决内容方向指引问题；在生产中环节以内容脚本为基础结构，批量拓展为不同人群化、风格化的视频模板，封装上线至无线生产工具，以工具化的方式降低创作成本，最终实现拓量提质。

在这当中内容脚本长什么样？这些脚本将如何转化为内容解决方案？这是本文接下来将重点跟大家交流的部分。

4. 优质电商视频的脚本解构与运用

基于电商平台自身的货品体系背景之下，脚本作为一个核心内容枢纽，一方面与不同行业、内容类型对应，沉淀为优质的内容标准，指引内容讲什么。另一方面根据不同的场景诉求，由脚本拓展制作出视频模板，面向生产端提供直接可用的内容解决方案，回答内容怎么讲。

下文以双十一"时髦人设"话题中女装行业的"前后变装"脚本为例，解读脚本的解构与运用。

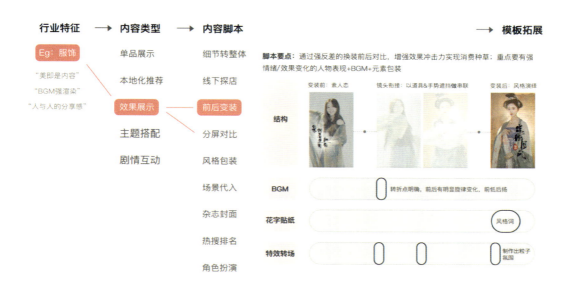

脚本的要素拆解与运用

行业特征

从女装行业的优质样本中，可以归纳出 3 个特征：①"美即是内容"原则：侧重效果可视化，模特上身为佳；②强调真实场景感：将商品卖点的输出以不同风格、不同场合、不同身材痛点等切入，最易引起消费人群的共鸣；③ BGM 强渲染：偏好节奏卡点明晰或包含美好歌词类的音乐，营造消费者向往的美好生活方式。

根据创作的难易度和适宜场景，可归纳为 5 种类型，案例中的"前后变装"就属于进阶型的效果展示类：通过对比货品上身对形象美感的明显改变，实现为该单品或搭配种草的目的。

"前后变装"作为该类型中的一个常用脚本，主要特点是片段短，但对模特和场景有一定的要求，适宜做强风格类展示；通过强反差的换装前后对比增强效果冲击力，为消费者种草。重点要有强情绪或效果变化

的人物表现 +BGM+ 元素包装。

接下来介绍"前后变装"脚本的 3 个要素。

（1）内容结构，承载表达力

结构将内容片段进行线性的情节串联，决定内容的脉络，也是这段视频表达的灵魂。"前后变装"的结构由 3 部分构成，开篇为变装前的素人态，结尾是变装后的风格演绎，中间以道具或手势的提示动作完成镜头衔接。整体结构单元虽然简单，但也不是对任意片段的拼接，对模特的表现力和场景变化均有要求。

（2）听觉感知，增强代入感

声音牵动着每个人的情绪，视频通过音乐音效唤起观众的情绪或场景共鸣，制造高潮和转折点；也可通过个性化人声介绍卖点、建立人设。针对"前后变装"，需要音乐的转折点明确，且旋律前低后扬有明显变化制造变装效果的氛围感；如果再增加有共情感或大部分用户都有认知的台词人声做前后呼应，那么消费者的代入感会更强。

（3）元素表现，强化理解力

通过花字、氛围、转场特效等包装手法，在恰当的节点强化氛围或强调亮点。"前后变装"的包装核心在镜头衔接时，以明显的转场特效引出强风格化的花字贴纸，再搭配元素的动态粒子效果，充分发挥可视化优势，渲染画面效果，将内容表现力再提升一个层次。

综上所述，脚本的 3 个要素以结构为基础，听觉和元素踩着结构卡点进行视听上的逐层升华，也由此组合构成内容策略的指导标准。

5. 视频模板的工具化封装

有了行业化的优质脚本标准后，即可制作封装出批量视频模板（即可工具化、范式化的最小内容单元方案）。原则上基于一个脚本的结构，根据主题或风格定位对 BGM 层、元素包装层进行替换，可拓展复刻无穷的视频模板，以此支撑不同趋势与活动节奏下的内容解决方案。

在 2020 年的双十一，总共通过 11 个话题聚合出了全部一级行业下的 15+ 内容脚本，并拓展制作出 200+ 视频模板，最终上线至无线端淘拍工具，创作者在模板广场中以话题纬度可预览并挑选适宜的视频模板使用，通过必要的视频素材上传与商品关联，两步即可完成一个内容型视频的生产。

通过视频内容质量提升策略，在双十一视频内容的产量、内容过审率、前台消费侧的有效观看率和进店转化率上均得到显著提高，同时也沉淀了一波优质脚本，为后续的双十二和跨年等视频内容做了资产储备与方法积累。每一小步的探索与验证，都距离我们的愿景："把视频的创造力与价值回报带给商家"又近了一步。

脚本的工具化封装
模板广场 11 个内容主题，200+ 模板上线

脚本的工具化封装——模板

GAMEPLAY

「 头号玩家 」

INTERACTIVE DESIGN

双十一互动
猫猫养成记

在互动玩法中
触发商业任务

设定了基础的情感化主体后，为了确保双十一互动的情感化设定可以高效传递，重点在互动体感、分层承接及商业化 3 个方面做了精细化的设计升级，让每一个游戏玩家都能获得更沉浸连贯的游戏互动体验，也希望将更贴合互动世界观的内容呈现在用户面前。

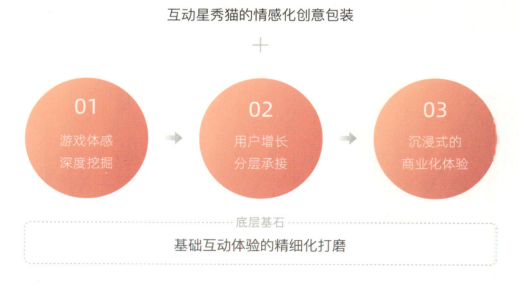

互动星秀猫的情感化创意包装

+

| 01 游戏体感 深度挖掘 | 02 用户增长 分层承接 | 03 沉浸式的 商业化体验 |

底层基石
基础互动体验的精细化打磨

互动体验设计升级策略

体感升级：游戏体感的深度挖掘

框架承载力升级

相较于 2019 年，2020 年双十一互动的关键之一就是整体互动框架的升级。由于 2019 年的互动在头部叠加了 4 层以上的信息，整体给人的感觉就是信息很多、头重脚轻。2020 年优先对头部信息进行了减负，对资产信息向下进行了收拢，同时也使得游戏区的高度有所提升。对于信息承载量较大的互动场景而言，保证在首屏透出商业化内容的前提下，新版框架能够尽可能地让更多用户获得较为沉浸的游戏体感。

游戏体感升级设计拆解

同时，将单人、多人的互动玩法在页面框架上也进行了统一，保证了不同游戏场景下一致的操作体验与游戏认知。将喵币这一游戏代币及商业化任务体系打通两个核心场景，帮助用户养成查看"我有多少喵币和红包，以及如何赚更多"的资产区心智，同时还提升了商业化的曝光空间。

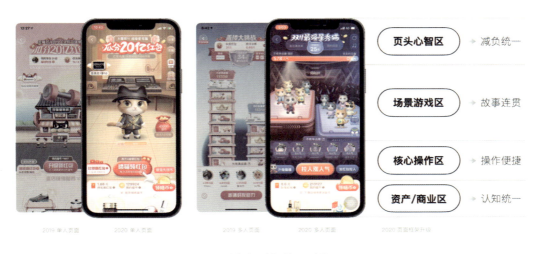

互动框架升级前后对比

在升级框架后，还拉取了手淘的用户机型占比，发现淘系前 Top 20 的机型中，大屏手机占比接近一半。因此同步优化了整体的适配规则，核心以屏幕宽高比为指标，当屏幕宽高比小于 1:2.1 时就会被定义为长屏手机，相应的也会采用更高的游戏区方案；反之小于等于 1:2.1 的标屏手机则会采用更保守的游戏区方案。

新版框架的适配逻辑

比如在多人玩法的表达上，因为大屏方案的舞台具有更大的高度差，整体的输赢体感也更明显。这种全新的适配方案，呈现更大游戏区域的机型覆盖量提升了约 2.5 倍，高密度的操作行为也显得更具呼吸感，同时有利于与用户沟通丰富的互动情感，让用户有更沉浸的玩法体验。

两版最终框架的适配效果

内容动态化展示

有了更大的游戏化空间后，就可以更专注于内容的动态化展示了。这部分重点从主体层、剧情层、玩法层3 个层面来进行情感化沟通，从而将创意环节的设定更好地带给用户。

其中在主体层面上，从最开始送给用户猫—猫猫卖萌—用户自主选择兴趣方向，再到对应的兴趣体现在猫猫身上，全程采用半开放式的方式动态化展示，让用户对这个互动主题逐步产生"这就是我的猫"的代入感。

主体层的动态化展示

紧接着在剧情层面上，单人是围绕猫猫的成长故事展开的，到了多人则是以猫猫组队、登台 PK 为故事主线，以"成长剧情—转场剧情—比拼剧情"为叙事脉络与用户进行沟通，通过连贯的体验链路及一系列动画和动效，将自己的猫猫努力练习才艺、成长并登上出道比拼舞台的剧情，以动态化的方式逐步传达给用户，配合主界面右上角新增的音乐功能，将用户更好地带入舞台氛围，也使得用户非常自然地过渡到了更为激烈的比拼玩法中。

剧情层的动态化表达

最后在玩法层面上，因为规则会涉及众多的"专业名词"，如场次、入场费、奖池、人气等，为了降低规则本身的枯燥感，将其转译成具有辨识度的可视化形象后再反馈给用户就变得比较重要。例如在拉人这个基础行为上，就拆分出来多层表达方式，并用更贴近舞台的弹幕形式把这种规则动态化地反馈给用户，让用户在参与中不断形成更明确的目标，进而更深度地参与到互动玩法中。

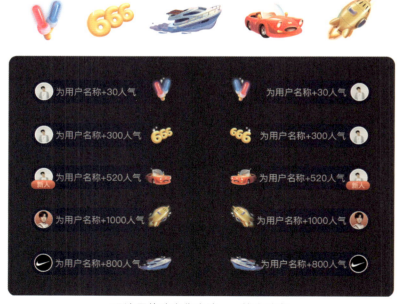

玩法层的动态化表达——拉人助力

其实，此次互动的动态化表达设计都是围绕着这 3 层展开的，才能将前期设定的情感化创意一层层地代入给用户，也使得这个长达 20 天的高回访互动对用户具有更强的吸引力，让用户有节奏地享受游戏过程。

承接升级：打造精细化用户分层承接

由于双十一互动的定位是面向全量用户的，因此在基础的情感化主体设定之后，如何通过层层设计去满足不同用户的需求则至关重要。只有在抓住用户的需求后，再配合用户的不断升级牵引，才会有双十一场景下大体量的商业转化。

因此，2020 年互动的另外一大关键点就是做好用户引导和承接。为此，专门设计了一套全新的用户承接体系，从玩法分层和引导分层两个方面入手，帮助用户快速上手，丰富不同用户的互动体验，从而实现活动期间的高效留存和转化。

通过精细化设计承接，提升新人用户的留存和提升

02|用户增长分层承接

面向新低活用户	面向高活用户	面向全量用户
主线+强引导	支线+常规引导	动效引导
不强制/逐步沉浸	不干扰/深入挖掘	信息减负/动线聚焦
提高沉默成本	**用户沉浸体验**	**关注核心内容**

用户分层承接模型

1. 玩法分层

互动游戏的玩法天然就比常规产品更复杂，在面对庞大的玩法体系时，希望大量的新人、低活跃用户更关注于核心玩法，如成长玩法中的"做任务赚喵币"和"喂猫升级"就可以形成基础的成长及商业闭环，因此对这两个核心玩法进行了强化，以确保玩法对于大部分用户而言简单明确、容易上手。

对于中度活跃用户，在基础闭环玩法上还叠加了相对支线的钱袋、宝箱玩法，用更多的喵币和更丰富的玩法来吸引用户参与，也在升级之余有多重用户动机抓手，进而提升这部分用户的黏性。

最后，基于对互动接受度更高的用户，利用猫猫本身的 IP 属性，打造隐藏得更深但同时也更具情感化的撸猫和猫猫小游戏等彩蛋玩法，吸引高活用户更深度地探索互动，也大大降低了基础闭环带来的枯燥感。按照这个逻辑，从利益赚取的核心基础玩法，到深度情感驱动的彩蛋玩法，逐层加强用户的投入和黏性。

玩法分层模型示例

根据用户活跃度分层，对整体互动玩法进行层次划分，不仅可以提升整体玩法的丰富性，也强化了不同用户群体对互动的玩法投入度。

2. 引导分层

在一个游戏互动产品里，完全依靠用户自主学习并主动留下，效率是比较低的，实用有效的引导能帮助用户快速投入游戏，减少挫败感。其中，新手引导是整个引导体系里不可或缺的一部分，是用户接触一款游戏的第一步。好的新手引导体验能够帮助用户快速掌握核心操作和玩法，同时感受到自我探索的乐趣，在游戏初期快速形成成就感。

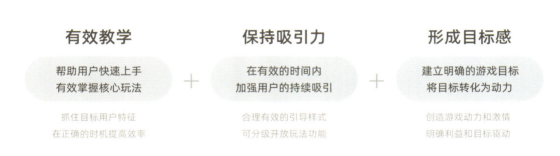

新手引导的设计要点

通过对以往互动的新手引导进行分析可以发现，强制的引导会使用户产生逆反情绪，重复枯燥黑色蒙层和"下一步"提示很难达到理想的引导效果，使得用户在新手引导阶段就大量流失，严重拉低游戏留存率。所以，希望打造一种相对开放且轻量化的新手引导。

用户引导分层模型

比如在新手阶段，仅在第一步使用了最沉浸式的蒙层对互动的世界观进行交代，后续则更多地通过丰强化的手指及强化的文字对核心行为进行引导，全程利用利益点和阶段目标推动用户逐步参与，给予用户明确的玩法教育的同时，又有自我探索的空间。当引导结束时，用户已产生了沉没成本。

除了新手引导，面对中高活用户，则提供较弱的常规指引。在观测到用户几秒内没有行为时，通常也是用户发生疑惑、问题的关键节点，提供简单手指指引，不会打扰用户的沉浸体验，更友好地帮助用户玩下去。

此外，面对普适用户，还在次要行动点上增加了不同轻重和节奏的动效，可以让用户更明确地感受到产品玩法的优先级，引导全量用户对每个玩法功能的感知。

商业升级：打造更沉浸的商业化玩法

在游戏体感和用户承接双重升级后，如何将蓄水的大量用户流量转化成具有商业价值的流量就成了新的挑战。同样，还是从情感化的视角出发，希望通过在各个环节的情感化结合，带来更为沉浸式的商业化体验。让每一个流量都能自然地转化为商业流量，从而产生大促很有趣、想继续逛的感受。

用户玩法分层模型

长达20天的互动本身就有疲劳度，需要频繁做任务的互动就更难免会产生"打工感"，如何让用户在长时间"作战"中保持新鲜感并深度参与商业转化，则是很重要的设计挑战。既需要有秩序地组织多样的商业化玩法表达，又需要在单个商业化玩法下进行更深度地挖掘。在商业化触点部分，在初期创意设定后便与业务进行了多轮共创，探索互动玩法中触发商业任务的可能性。

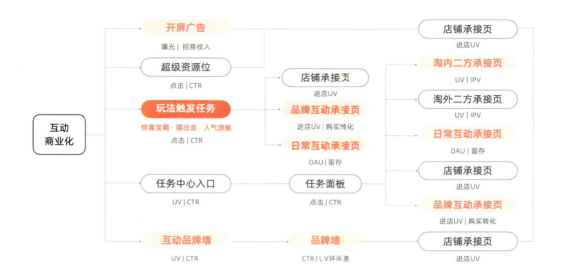

互动商业化触点挖掘

相比于往年常用的浏览商品、进店等任务面板的分发形式，2020年首次尝试在单人撸猫玩法中出现商业化宝箱、在单人场景中猫会走失到日常互动产品，以及在多人场景中猫会去品牌店铺中赚取人气游艇等方式，通过整合商业化资源，为商家带来曝光的同时，也利用场景化包装方案让用户提升数值的手段不再单一依赖任务面板。这种新颖形式能够激发用户的参与度，避免"任务感"，让更多的用户有得玩、玩得顺。

互动世界观融合案例

有了更多的流量后，对设计方式进行了多维度的动态化创新。比如在互动曝光量最大的加载环节，尝试将商业化广告与加载进行结合，不仅减少了用户的进入步骤，同时也给品牌商家带去了良好的体感；在结构上沿用 2019 年的品牌墙部分，尝试将商品结合动态化的影像表达能力，并增加了偏向玩法的商业化引导，为品牌带去了更多的二次转化；同样在任务的分发后链路里，也把猫猫的形象代入到会场的商品流中，让用户更连贯地持续浏览下去，从而形成了蓄水—储备—分发—爆发的互动完整小闭环。

动态化设计呈现手法

在多重设计创新下，无论是前期的用户蓄水，还是后续的商业转化，数据层面都有明显的亮点与提升，连用户的正向舆情反馈也显著增多，同时也印证了用户对于情感化方式的认可程度。因此，不论后面的玩法如何，设计的创新都是必不可少的。当然，后面的互动还有很长的路要走，互动的创新也会持续向更广、更深的方向进行探索，希望后续能为大家带来更有趣、更高效的互动玩法。

下篇
数据指导设计——让设计价值被看见
DATA DRIVEN

什么是设计价值？

业务结果达成与未达成与设计价值的关系是什么？"设计价值"在各类设计总结中一直被反复提及。而设计师经常遇到的问题是设计价值无法从整体业务价值中剥离出来，并且设计价值又不能靠事后的数据加工而来，也就经常会遇到业务结果好时忘了分析设计价值，业务结果不好时却找不到设计价值的情况。

设计价值能否被数据衡量？数据能否指导设计？这就像一个哲学问题一样可以持久讨论。广告领域也存在两种不同的营销方式：品牌营销与效果营销，各方都有一批坚定的支持者，不断通过事例来给对方阵营一个强有力的回击。站在越发多元的社会形态中，不应试图去论证某一方观点的绝对正确，就像在追寻真理的过程中，论证的过程本来就是在不断地构建和丰富人们对事物的认知，而不是真理本身。

所以，数据到底能不能指导设计，也许这个结论并不重要。重要的是数据对人们而言意味着什么？

数据能带来什么？阿里云智能的李龙曾经用"导师""队友""律师"和"裁判"4 个生动的形象来比喻，而人们容易把数据仅仅当作裁判的作用去论证最终价值，缺少了其他几个角色所比喻的能带给设计师全链路、结构化的思考逻辑体系。所以数据对于设计而言，一方面能带给设计师一个全方位的业务认知和目标形成的脉络，让人们知道业务的最终目标是通过哪些路径实现的；另一方面，通过对不同路径的数据观察，能找到正确的机会，形成设计策略，做出设计方案。

数据对于设计师的角色

做正确的创意还是把创意做正确？

这是值得设计师思考的问题，往往身处乙方公司的设计师，在接收到单一创意需求（简称 Brief）时就可以开始天马行空的创意构思、搜集信息、创意构想，最终经过多轮推敲得到一个好创意（简称 idea）；而身处甲方公司，通常面对的 Brief 是非常多样的，但一个人的时间精力非常有限，如何用有限的时间投入到最需要设计投入的部分？或者在单一项目中将最优势的资源投入到最需要的地方，实现综合设计价值最大化？这就是让我们思考如何做正确的创意或设计的根源问题。

设计双钻模型

不平凡的 2020

一方面是整体环境变化带来的消费意愿的不确定性，另一方面是消费主体也在悄然发生转移。曾经行之有效的营销方式正在不断地失去它的基础，商家基于原有的规模和增长压力都在苦于寻找流量来源。这一现象早在 2017 年就已经初见端倪，随着智能手机逐渐完成用户覆盖，纯新用户增量已经在 2017 年开始逐步退坡，新用户红利消失加上媒体广告价格上浮，必然导致整体获客成本的增加。同时随着 95 后消费者逐渐成为主力，带来对多元文化的诉求，也暗示着原来传统中心式的营销方式遭遇瓶颈。

所以对流量的拓展演变成对流量的利用效率，成为 2020 年双十一设计策略的核心。在之前的局部测试中可以发现，通过特定的视觉表达在特定的渠道曝光给特定的人群，其转化率指标会出现较大波动。这并不难理解，就像在商场，一个熟悉我的导购员和一个新人导购员的成单率肯定是不同的，而设计就希望通过一系列设计研究能够洞悉消费者，营造出合适的场景，通过分层设计的方式提供设计物料，最终通过数据验证来论证不同设计手段针对不同用户的有效性。

做了不一定行，不做一定不行

电商营销设计经历了 10 多年的发展，其本质工作思路和方法还是没有发生革新性的改变。在组织商品货架（会场）的设计时其实跟线下商场极其相似，这样的中心化会场面对最初 5000 万的成交额也许是合适的，但如今面对的是亿级的消费者和千亿级的规模，一套方案显然不够。但是究竟需要多少方案？每个方案的结果如何？都需要通过数据来准确预估设计生产和价值论证，否则业务矛盾将直接转移到设计矛盾，导致设计工作量的指数级增长。

构建匹配的设计能力

虽然数据指导设计看起来只是简单的几个字，但是背后需要大量的分析工作和设计量，甚至还需要构建与之匹配的智能化产品和设计供给。要想彻底改变现有的设计生产方式，需要心力、脑力和体力。正所谓"兵马未动，粮草先行"，要想赢得最终的胜利，一个精良的设计基础设施建设是必不可少的。期待未来的设计能形成有策略、有执行、有工具支撑的完整体系。

PRECISION

「精细化设计」

DESIGN

4

ART
RESRARCH AND DEVELOPMENT

GROUP TARGETING
VISUAL & COPY

4.1

分人群美术 & 文案设计
用户分层 体验增效

从"以货为本"
向"以人为本"
转变

近几年间，用户增长的红利已逐渐消失。面对以下几个问题：如何从存量用户中挖掘增量；公域流量竞争激烈、获取成本高；私域流量由于用户越来越多元而变得黏性匮乏……一方面需要拓展多重渠道，挖掘新价值，进行圈层精准引流；另一方面，则需要实施精细化分层的思维逻辑，完成货品运营向人群运营的思维转变，用小成本促使用户价值最大化。

精细化分层与认知成本

工业化的典型特征是规模化，而信息时代则需要柔性定制。不同的用户在消费时，受制于消费习惯和群体偏好的不同，其消费决策的差异较大。如何能够精确匹配到相应人群，高效地达成流量分发，并愉悦地引导消费者产生购买行为，是用户分层设计下需要解决的关键问题。

1. 多维洞察下的用户分层

当前市场广袤而分散，且消费者层次差异较大，若想达到一对一精准服务的目标，首先需要明确各类用户的多元消费需求。

微观大数据积累和算法分析为我们提供了消费者显性需求下的数种基础标签，其中覆盖了年龄、购买力、所处地域等。将这些分散的标签整合，可以大致分为人物信息、货品关系和关联场景三大类，即人、货、场。其中"人"包含了用户的基础属性、消费能力、决策风格；"货"透出了附着在人背后的价格信息和竞争品类；"场"不仅有功能供给，更有感官刺激。2020 年双十一视觉风格划分正是以这些属性标签为基础，其中优先选取了年龄、购买力等要素作为核心依据。

以年龄标签为对象，为什么 95 后的消费行为及特征更为显性？若能理解当今的时代底色，则更有助于理解用户行为。Z 世代成长于社会发展转变最快的时间段，他们更多抱有的是不过多思考、享受当下、愉悦自己的心态。这种悦己主义在消费行为上则会明显区别于其他年龄段，有为单纯喜好、情怀买单的现象。

从微观至宏观梳理这些用户信息后，最终将人群归类为 Z 世代、中高购、下沉三大群体对象。

对纸分后的人群进行"差异对待"，于用户而言，可以真正做到满足各类用户所需，极大地提升效率；于设计而言，通过对不同用户群体设定更精准的设计策略，使现有资源得到更好的利用，真正做到设计赋能增长。

2. 视觉减负助力用户体验

人们在处理信息、记忆细节方面的能力是有限的。而在今天的营销设计中，关于视觉的有效传达寥寥无几，绝大部分设计画面往往倾向于复杂化表达，增加了很多不必要的元素。究其原因，为的是能够营造出热闹的氛围，凸显炫目的画面效果，让消费者在面对海量的视觉信息中能够"多看一眼"。

从视觉角度而言，观赏者与画面的交流往往不是设计师展示的天马行空的创意，而是本质上要传达的行为和信息。如果画面无法让用户在第一时间抓到关键信息，这样的设计表达就很难达到预期的沟通目标。

在此认知基础上，如何在一定的画面中强化重要信息？如何通过设计来提升消费动机？善意的设计是主动减轻用户认知负荷，简化复杂的画面构成，通过拆分信息的优先级，帮助用户筛选重要的信息。同时通过巧思的画面与用户形成交流，从而激发用户的消费兴趣。

（1）降低认知成本

降低认知成本可以从两个方面入手，即舒适的视觉营造与明确信息层级。

首先，无论是落实会场或投放，要想营造舒适的视觉环境与会场氛围，核心就是视觉减负。即在高品质前提下，减轻视觉带来的负担，避免强烈的氛围影响信息传达和体验效率，同时简化视觉规则及样式丰富素材储备，确保通用性和多样性。减负后的画面自然会为更重要的商品与文案信息让步，在降低认知阻力的同时，提供了舒适的用户体验。

同属视觉内容的文案部分，在最初的设计中同样被寄予厚望，试图尽可能多地告知消费者信息。这样就产生了很多冗余的文字信息，影响用户的体验。自确定效率优先的策略开始，信息层级的排序和利益点的突出即成了重中之重。双十一更是如此，信息被精简、放大，促使用户第一眼就能抓住重点信息，增加页面停留时长，防止出现沉没于繁杂的文案中而丢失用户的情况产生。

（2）激发用户兴趣

用户与画面的交流感是激发消费兴趣的关键所在。实施精细化分层后，在精准对焦人群的基础上，从商品、背景、画面、语言等多维信息的塑造，一切都更加贴合了用户的行为与爱好。交流后产生的理解与接受，逐步影响着消费者的行为，形成内化力或认同感，激发兴趣的同时，提高了信息的可信度。

提升消费动机的因素

人群目标下的分层设计维度

不同人群的消费需求会直观地映射在内容及体感上,多元需求被细分后,如何紧密贴合三大人群,精准地落实到设计层面,使购物行为更加智能、流畅地促成,则是设计需要解决的又一个难题。

1. 组件化思维实现页面级千人千面

常规活动给所有用户呈现的是相同的会场页面。在已知的画面中,要想根据整合出的三大人群分层实现页面级的千人千面,需要从组件化思维来拆分设计画面,把产品需求场景化、创意表达模块化,通过对视觉元素和功能元素的拆解与归类,基于相对稳定的特性和可被复用的目的,形成规范化模件来组织画面。

针对不同人群在表现层做好分层表达,是前期设计需要研究与解决的课题。依据一个完整的画面呈现,可以得出一个标准画面构成由视觉氛围和功能元素组成。

三大人群主视觉

(1) 视觉氛围

单体表达的是单个个体所要传达的信息,而整体代表的是层级。依据拆解逻辑,视觉氛围则是围绕在文案和货品周围的一切视觉表达,其中不仅包含具象的元素、抽象的背景、画面表达与肌理,更涵盖构成这一组织画面的色彩逻辑和构图逻辑。会场中的视觉氛围核心表现在版头——用户的第一触达体感，且要在短时间内对用户产生情绪吸引并匹配认知。

不同的人群在审美上有着天壤之别，对于色彩、元素、画面秩序也有着不同的偏好。通过用户研究，针对Z世代、中高购、下沉用户的画面偏好，总结出了"新鲜感""品质感""促销感"这3个对应人群的关键词。

首先，双十一贯穿全链路、全人群的核心基础元素是带有毛玻璃效果的圆角矩形和圆形，回归本源运用几何图形，其图案演变是无穷无尽的。既可以作为背景元素烘托氛围，又可以作为主要元素串联画面。而毛玻璃的视觉效果带给用户的是一种极具层次感的体验，可以呈现出物体或元素的多层叠加效果。

在毛玻璃几何元素的设定基础上，根据不同的人群特性，进而补充具象元素。其中既有符合年轻人喜好的IP主题化形象与刻意夸张的物品形态，也有满足下沉用户的热闹、促销感氛围的金币、红包和礼盒等。

年轻人群定制 IP 形象

抽象背景氛围包含了色彩搭配与画面组织。Z 世代这一人群在大促中的消费低于日常，需要有新鲜的视觉表达刺激，可用更加鲜亮、明快的配色，配合 IP 主题化的人物形象来刺激用户的感官，使其增加市场停留并产生交流。高中购人群需要用相对有品质感、有调性的视觉表达，整体配色在暖色基础上加一些童色，给人以舒适感。低购人群需要相对热闹的色彩氛围烘托气氛，让这类用户有线下商超赶集一般的视觉体感。

（2） 功能元素

相对于视觉氛围底层的创意表达，功能元素更偏向于中层及表层表达，即带有直接对话消费者的货品组织、沟通话术，以及页面级的定制模块等。对用户吸引力最大的莫过于展示出他们最感兴趣的货品，并将这些货品依据视觉展示逻辑进行组合，这是触达用户的最直接方法。

对于 Z 世代来说，种草风潮下的传播款、IP 或明星网红所推荐的货品更具吸引力，同时，商品的颜值、功能性和智能化也是驱动 95 后消费的关键因素。中高购用户货品与 95 后有着高度重合，其中母婴、家装等行业有所不同，以推荐 KA 商家的尖货新品、主推货品为主。下沉用户的特征更为明显，货品组织倾向于以高性价比货品、日常囤货类的食品及日用品等的让利来刺激消费。此时在设计中，可用多个重复的真实商品、套装组合、礼包或赠品来塑造性价比和划算感，促使用户做出消费决策。

分人群货品组织逻辑

若要使每个细节都尽可能地贴合所属人群的生活环境，沟通话术与页面内容尤为重要。常规活动下，页面内容千篇一律，所有人看到的都是相同的品牌、楼层或优惠券，设计目标不只有视觉或货品的差异呈现，更需从内容上进行精准命中，即页面结构与模块定制的差别化。人群诉求各不相同，要对页面内容的优先级、楼层顺序进行梳理，以匹配不同用户的浏览习惯，最大化地提升浏览效率，针对特征明显的人群定制模块，真正做到极致个性化。

2. 组件化思维驱动到素材库的实现

与往年有所不同的是，2020 年的素材产出力求拆分出一个高效可行的方法步骤。组件化思维下的整体视觉应用很好地解放了设计师的生产力，能够通过少量的设计投入达到好的设计收益，专注于实现设计价值。逻辑拆分后的配色、背景及构成、素材等方面提供了便于延展的素材库，视觉应用的可实现性增强，提升了整体设计的执行效率。双十一全线设计依据素材库进行应用延展，真正达到了全线视觉呈现的统一性和连贯性。

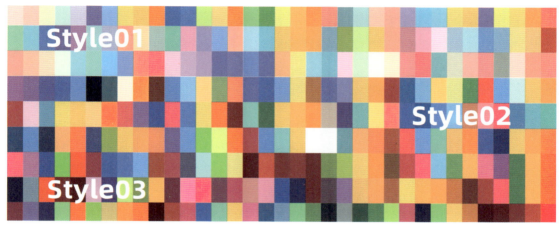

配色参考素材库

背景构成参考素材库

3. 双十一的沉淀与展望

不同的用户对于不同的设计手段有着不同的敏感度，数据论证用户拥有视觉的个性化需求，且需要针对不同人群的特征进行更加精细化的匹配，进一步研究不同维度的人群划分对用户的影响。

要明确强销售场景下视觉是否需要有塑造心智的诉求，核心关注视觉在体验上的舒适度及核心信息的传达。

创意和体验的双视觉体系是否合理，线上和线下的场景分层是否准确，需要明确目的性较强的场景进行针对性的创意定制，但风格要统一。

双十一期间的大量素材储备可有序地分类整理，安排日常复用，提高素材利用率，减少部分设计投入。

分人群文案设计

移动互联网前所未有地触及了海量人群后，随之而来的并不是之前所设想的天下大同、所有人都能毫无阻碍地讨论同一议题的前景，而是将现实世界中各种类型的圈层隔阂以更加强烈、更加活跃、更加深刻的方式，迁移到了网络空间中。无尽的信息给予了人们选择的可能性，人们却在一次次选择中固化在了自有圈层，被其内部信息占据了大量时间和注意力。"信息茧房"不仅仅是一种修辞手法，而是真切的网络生活现实。如何在这样的现实中实现货品价值向不同人群的准确传达，准确地针对人群进行文案设计是其前提之一。

1. 人群的精细化分层与认知层级

（1）人群分层的基础逻辑

"语言即认知，认知即自我。"在网络空间中认知和拥抱的圈层塑造着人们的自我，也同样影响着他们所使用的语言和所关心的议题。只有掌握不同人群的说话方式，对其进行效仿和复制，并形成有效的分人群文案设计方案，才能在前所未有的多元、又前所未有的割裂网络中，与不同圈层的人群进行更加精准、明确和有效的沟通，以不同的侧重点实现货品运营向人群运营的变化。

人群分层是一个可以无限发散的尝试，对于双十一这样一个实际而明确的需求情景来说，需要精准地在人群做出富有洞察力的区分，也需要紧密围绕着销售需求。消费者既拥有来自直接消费和访问行为的许多标签，如年龄、购买力、所处地域、货品倾向性，也拥有文化圈层、性别、爱好、生活状态等更为隐形、个人化的区分维度。

在我国这样一个移动互联网跨越式、非线性发展的消费市场，人群在年龄这一维度上体现出非常鲜明的阶段式的心理特征，每 10 ~ 15 年左右的一代消费者伴随着消费市场和网络生态的激烈演进，使得彼此间的差异十分显著，尤以"Z 世代"人群为甚。而购买力这一维度是用户消费倾向和决策的加总，从人们长期体现出的购买力倾向，可以相对直观地推测出他们的消费观点。我国幅员辽阔，城市发展体现出阶段性、地域集群性的特征，不同的城市线级人群会明显地体现出区别于其他的消费特征。

综上所述，最终将人群归类为 Z 时代、中高购、下沉 3 个目标群体，有针对性地研究和设计文案方案。

（2）信息层级从"以货为本"向"以人为本"转变

与 4 ~ 5 年或更早以前不同，现今的网络信息是极度过载的，人们每天接触到的会场信息和营销内容海量而雷同，绝大部分文案内容倾向于围绕货品和营销活动本身的"意愿"进行强烈的过度表达，用户在阅读中感受到的是极高的理解和遴选成本。之所以重要的信息内容无法触及用户，其本质在于没能准确地揭示出与用户的相关性："与我何干？"

正如同人与人的日常对话，叙述总会分为两层：第一是信息主干层，也可等同为营销活动的核心利益点；第二是修辞层，即人们为主干信息外敷的修饰性信息，或者说 voice & tone。信息主干层影响的是能否左右用户的最终决策，修辞层决定的是这一轮与用户的"沟通"是否能够成立、被接受。

当围绕 3 个人群分层和 2 种信息层级来考虑分人群文案设计时，思路就更为清晰了。

2. 文案承载的情绪与认知

页面中的文案必然存在着一个隐藏的发语方，对用户来说，就是一个对话者。对话者是否能够识别出用户在不同人群分层中的归属，将决定"它"是否能够采用正确的语气、内容和情绪来调动用户的核心认知。在货品组织、页面视觉已经为三大人群做好精细化定制时，对用户最终的吸引力就将来自于文案所唤起的感受。

对于 Z 世代人群来说，网络原住民是他们最为核心的网络身份定位，随之而来的另一特点就是极为强烈的自我表达需求。网络原生意味着对传统中文模式的大量变造：如通过 Emoji 和表情包来实现完整表意；以不规范的标点使用来强化情绪；以动词叠用来强化动作；对网络原生梗极为敏感，时效性要求进一步提高。而自我表达需求使得 Z 世代人群更乐于表达"我"：我好了、爷青回和达人竟在我身边等，都体现着对个人主张、个体意志、个人审美的彰显。

同时，Z 世代人群也体现出鲜明的追求平等、反权威的特征，营销用语更应注意对话姿态的平等，避免使用强烈的祈使句，多采用自嘲和自我解构的叙事方式。

对中高购、85 后人群而言，生活在社会激烈变动、新旧交替的时代背景中，在不断比较中追求自我地位、价值的确定性，是他们共同的网络情绪。他们对品牌价值的展示饶有兴致，对更富专业性的表述更为信服。而对于阶级提升、自我价值体现的需求，使得中高购人群也更加乐于关注女性主义、环保、乐活、断舍离等包含中产精神需求的内容。

下沉人群正在快速吸纳着网络世界中的消费主义话语，而作为对话者，必不可少的义务就是以亲和、友好、接地气的方式给予他们更有价值的信息。对第二人称或第一人称复数的使用，如"咱们""我们""老铁"；避免书面语和过度修辞，如将"立即"替换为"马上"，"获取"改为"领到"，"以免"改为"避免"；使用更为强烈的祈使和感召句式；使用时效性稍差的出圈网络梗，对下沉人群而言，都是更为友好的表达方式。

3. 消费决策特点对文案的影响

相对于修辞层所体现出的对人群情绪的贴合，信息主干层将更为直接地影响着人群的消费决策。对于用户来说，货品究竟具有哪些不可替代的价值，以至于必须在此时此刻放进购物车？始终还是要回到各个人群究竟希望在消费中获得哪些类型的价值。

Z 世代人群的自我表达冲动促使他们追求更为稀缺、新鲜、个性的消费，文案当中对于这些价值的高亮呈现尤为重要。更为情绪直露的表达也能够提升他们的信任，例如"马上来抢啊！""点我！点我！""这些好货比 5 折还低"。另一方面，Z 世代人群也饶有兴致地表现出对自有圈层的强烈归属感，这看似与自我表达矛盾，但网络圈层的归属感能进一步强化自我价值。根据 ski 类别所指向的网络文化圈层，吸纳其中的常用梗、常用词、对圈层的消费关注和审美重点额外强调，都是重要的策略。

中高购人群对网络营销活动可谓是见多识广，他们更能掌握决策的主动权，也强烈地希望能够降低自身的决策成本：文案内容对数字的强化、对流程端的渲染，以及对权益易得性的明确提示，尤为关键。中高购人群真正敏感的是"价值"而非"价格"，对"红包""福利"和"礼券"的疲劳度很高，除了数字，还要能够进入他们的生活场景，场景化地渲染货品本身的价值点。

下沉人群体现出较为明确的即时满足特征，对营销名词如红包、礼券等适当多用，对权益数字的强化，动词尽量居首或作为视觉强调等。同时，下沉人群也体现出对高信息密度的疲劳和不适，更为友好、朴实的信息呈现方式十分重要，页面信息以上下方式线性排列，杜绝"上下左右"都是字，同一页面上的核心数字不宜过多，减少渲染心智、体现品牌宣导的内容，都更为适合。

4. 双十一的沉淀与展望

2020 年双十一，是首次针对人群的文案消费特征进行研究和区分设计的，得到了相当多重要的定性研究结论，但需要更进一步探讨的是区分维度的定量结果是否具有稳定的统计学差异，针对不同人群的区分方式是否能够进一步细化，面向不同人群所设计的文案策略是否还有进一步提升的空间。最为重要的一点是，把与用户对话的场景从营销会场页面中进一步扩展出去，在用户链路的前、中、后各个环节，确保人们被更为亲切、动人、符合预期的话语包裹着，才能进一步提升我们与广大用户沟通的效率。

BEHAVIOR TARGETING
ADVERTISING

05

用设计数据支撑
精准投放

设计数据，带
来的精准设计

2020 年的双十一投放开启了很多本质的改变，当媒介真正开始精准投放，那些精准分类的用户画像，无比清晰而又直接地摆在设计师的面前。此刻，设计师不能再依靠个人感觉和经验来判断设计的好坏，因为设计师也只能代表人群画像的一个分子，而分母是更加多样且复杂的人群分类。

投放设计该如何做才能真正地支撑精准投放，是一个前所未有的挑战。如果设计不能精准化，那么精准投放也就不可能真的存在。

精准化投放模型

2020 双十一投放的改变和挑战

2020 年是整个媒介环境发生变化最快的一年，众多媒体纷纷转型内容化，用精准分类的内容吸引用户用户开始习惯接受这样的内容推送方式，"口味"开始变得精准而挑剔。

与此同时，代表更年轻群体的 95 后开始成为消费的核心，更重要的是，他们还代表了用户未来的消费趋势。因此无论是媒体、平台还是品牌，纷纷把传播目标转向了这些所谓的 Z 世代，年轻而个性化的内容铺天盖地出街，而 Z 世代依然是媒介最难讨好的人群。

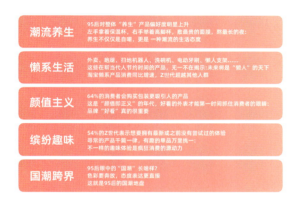

Z 世代消费态度洞察　　　　　　　　　　Z 世代 特征 圈层文化

在这样的传播环境下，媒介团队做出了重要的判断，根据天猫大数据的平台用户消费习惯，进行了特有的人群分类，以此作为双十一期间精准投放的人群标准。

天猫大数据的人群分类是基于用户消费习惯的清晰有效的分类方式，可以精准地找到用户并与之沟通，符合双十一语境下的传播心智。但是同时，这个天猫独有的人群分类并没有清晰的人群画像，找不到任何明确的分析、总结甚至案例，这对于设计师而言无异于雪上加霜。

设计数据，让设计有理

其实不仅是天猫大数据下的人群画像暂时没有经验可循，已经存在了几十年的设计师这个职业也没有任何的理性数据，仿佛设计师就应该靠感觉和经验工作。

当设计师需要开口讲"理"时，会发现曾经无比自信的感觉和经验开始站不住脚，因为"感觉"是人人都可以讲的，一个设计师不能再代表更多人。他们的审美和经验需要拆解和沉淀，需要"有理"可循。

因此，设计数据的产生水到渠成。

根据上述分析，设计数据主要从两个维度产生，一是基于天猫数据下的用户分类画像，二是基于设计维度下的设计元素分层。

1. 天猫数据下的用户分类画像

① 和传统的人群分层不一样的是，天猫数据下的用户画像是根据用户消费习惯的数据对用户进行分类的。在年龄、性别这些初级维度外，还加入了消费力、购买习惯、消费趋势等精准的维度。几个维度的数据交叉细分，使人群画像更加立体，对判断用户在双十一期间的需求、找到沟通的洞察，有直接帮助。

② 天猫的人群分类，对设计师而言暂时没有完整而清晰的画像报告，需要用传统做策略的方式，对数据进行分析、归纳、总结，找到有价值的共性；同时，也要从设计的维度进行反向推导，找到对设计有用的元素和标签。比如，通过分析高中购人群在双十一期间更倾向于买什么，可以推导出设计元素里的产品品类选择；反之，在设计标签里观察什么样的文字有更好的驱动性，让高中购人群产生互动，可以反应映射出更精准的人群心态。总之，分类和结果没有绝对的先后，但相互之间的影响又非常紧密。

2. 设计维度下的设计元素分层

① 设计维度的分层，听起来是一个非常抽象的概念转换成具象的表现，就如同一张图被设计出来的过程。从一张设计稿对观众的影响来看，可以分成几个层级：影响整体属性的背景层、影响调性的装饰元素层、影响主题的商品层、影响沟通有效性的信息层和影响互动效果的动态层。从这样的角度把设计拆分开，设计就变成了一个可以用数据统计的理性文件，接下来再对每个分层进行细致的拆解，就可以找到非常有效的设计数据了。

a) 背景层，包含版式、色调、明度、氛围、背景图等。
b) 元素层，包含促销元素、权益元素、表情、价签、文字贴片等。
c) 商品层，画面的主体，驱动用户的核心元素，包含商品品类、数量、排列等。
d) 信息层，包含沟通文案、驱动文案、氛围文案等。
e) 动态层，包含动态效果、互动效果等。

设计分层维度

② 设计维度分层的影响：设计是最终呈现给用户的沟通方式，因此设计内容是否有效，信息透出是否清晰而有打动性，设计风格是否符合用户的喜好，这些都是影响用户产生互动行为的重要因素。用户在媒介终端只能看到一张设计图，而每次大促活动需要传达出的信息量十分巨大，设计数据可以帮助设计师选择最有效的沟通信息和设计方式，在媒介找到精准的用户后，确保可以用设计和他们进行更好的沟通。

在用户对内容的需求习惯越来越个性化的传播环境里，精准投放是最好的媒介沟通方式，而数据是掌握用户习惯的最好方式。通过设计数据，做用户喜欢的设计和有效的沟通，设计不再是设计师个人的感觉，而是做出用户喜欢的感觉，让设计更有"理"。

设计数据，带来的精准设计

设计数据是对设计进行数据统计的一种方式，在传统的媒介数据中找到可以体现设计有效性的部分，以此为依据，进行数据分析。2020 年双十一的设计数据，以 CTR 作为衡量的基础数据，在 CTR 的数据基础上进行设计分析，从而获得设计数据。

在标准大数据下，对比每一类标签下的数据表现情况，可以很清晰地找到有效的数据。进行归纳后，通过设计数据表格反向还原，就可以得到针对人群的精准设计方法。

比如，在高中购男性中可以明确地看到，他们对数字更敏感，满减的沟通转化效果更好，相比于优享的权益，危机感的沟通内容对他们更有刺激作用。他们喜欢平铺的设计版式、整齐陈列的商品和高明度，并且偏爱 3C 数码商品等。

高中购男性投放开屏

当设计数据采用上述方式变成设计语言后，在设计师的脑海中已经可以看到一张设计草图了，采用相对传统的设计方法，大可不必再担心它的有效性，因为这张草图里的每一个元素和细节都是在用户消费行为数据下产生的设计数据。

精准设计，支撑精准投放

精准设计 = 用户需求的商品 + 用户有效的沟通 + 用户喜欢的设计风格

① 用户需求的商品：无论怎样，商品是吸引用户产生互动的第一要素，选对精准的货品，就成功了一半。

② 用户有效的沟通：无论何时，语音和文字都是传达信息的最关键因素，精准的内容包含了信息结构、说话方式等重要元素。

③ 用户喜欢的风格：在当下的传播环境里，用户对于无感的视觉风格，互动意愿极低，这一点在 Z 世代人群中的表现尤为明显。找到他们喜欢的设计风格，抓住眼球，进而浏览内容，设计是吸引用户的第一步。

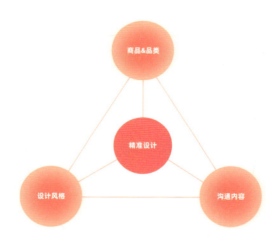

精准设计模型

当媒介团队在庞大的网络数据中，精准地分类人群并找到每一个人，把每个设计送达他的眼前。设计师必须要做到的是，让设计同样精准，尽可能地让每个观众真切地感受到精准的沟通，否则精准投放便不成立。

以 Z 世代为例，在传统的媒介投放中，他们是互动意愿最低的人群。每个媒介人都可以在人群画像中清晰地看到，Z 世代拥有完全独立的喜好和标准，他们喜欢二次元、喜欢高颜值、喜欢宅、喜欢懒系商品、喜欢养生文化、喜欢国潮……对设计师而言，这些无法成为真正的设计指导，没有人知道什么样的颜值是Z 世代眼里的高颜值，也没有人知道加一点国潮的元素是否真的可以产生互动，因为这只是脸谱式的人群画像。

在设计数据里，可以看到另外一个清晰而真实的 Z 世代，双十一期间，他们喜欢红包的元素多于 Emoji 的表情，他们喜欢直接的大字报多于人气明星，他们对小家电的兴趣超过了零食，他们喜欢温柔的暖色超过了炫酷的冷色……这些是与多数人心目中脸谱式的 Z 世代完全相反的结果，也是设计数据展示给最真实的年轻人——有着真实生活的烟火气，有着强烈购物需求的 Z 世代。

Z 世代投放人群开屏

所以，通过设计数据的反向推导，也可以找到更加清晰真实的人群画像。

设计数据支撑下的千人千面和智能投放

想象一下未来的双十一开启过程，开屏广告在提醒年轻的准妈妈可以多囤一点纸尿裤，刷短视频的大爷大妈看到柴米油盐在打折，时尚的年轻人看到限定款的球鞋将在双十一零点发布……这是正在实现中的媒介投放方式，每个人都可以精准地看到自己需求的商品，都在用自己喜欢的方式去沟通。而不断完善的设计数据正在帮助智能投放达到真正智能，毕竟设计是千人千面的感受。

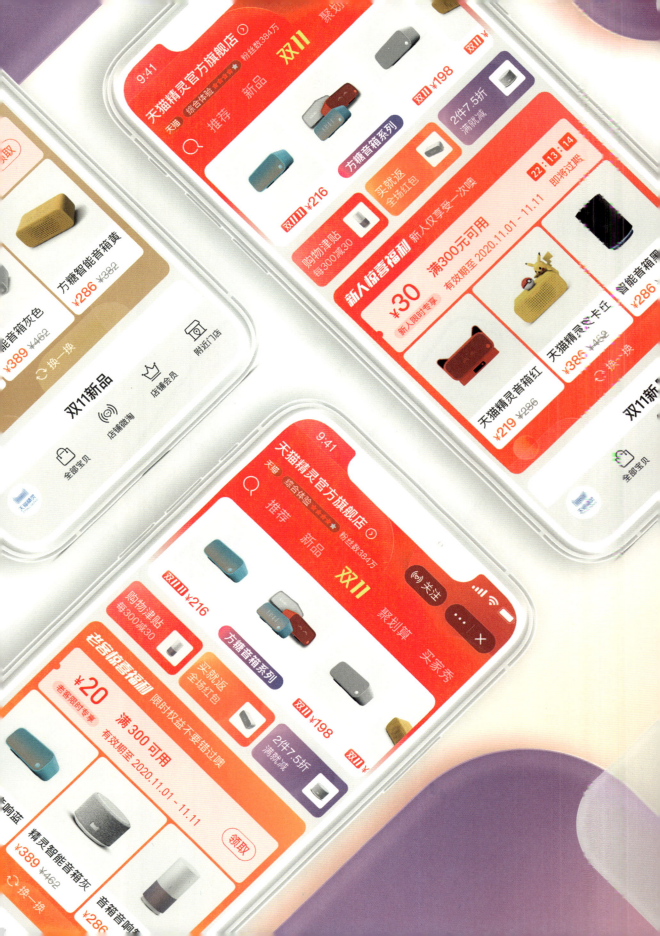

FLAGSHIP STORE

4.3

旗舰店 2.0 的新征程
沉浸式 Live Store 的进化

打造沉浸式
逛店体验

前言

旗舰店 1.0 在经历了对大量复杂业务的逻辑梳理到设计解耦、反复推敲和修正后，升级到了旗舰店 2.0 品牌全域营销阵地，面向商家与市场完成了线上线下场景连接、数据深度应用及开放的升级。

店铺2.0设计回顾

15%
人均进店
价值提升

4238
旗舰店2.0覆盖
天猫头部品牌数

+300%
品牌新增会员
同比增长

1000+
品牌Zone
使用品牌数

店铺 2.0 设计回顾

在 2020 年这个难忘之年里，消费者行为模式、商家群体结构、商业数智化加剧这一系列的市场变化催生出很多新的营销方式。而店铺作为商家线上资产承接的核心阵地，如何拥抱这场变化，以满足新业态、新营销下商家多样化的诉求？这个新的命题让旗舰店 2.0 踏上了下一个征程。

历时半年，一个新的店铺平台——Live Store 在双十一大促节点如约而至。在旗舰店 2.0 的设计之上，结合变化的电商业态结构，再次启程部署设计升级策略：框架结构的精简带来了信息的聚焦；为短视频、直播等流媒体表达打造沉浸式体验；内容模块在平台智能化与开放能力方向上持续深化，视觉表现力与互动体验上不断增强，在消费者场景下的应用得到了全面升级。立足时下，面向未来，Live Store 让旗舰店 2.0 建立的场景具备了更多增量场景的拓展空间，新业态下的运营效能有了针对性的提升，同时内容表达力的升级与沉浸式空间的打造为消费者带来了更深度的店铺体验。

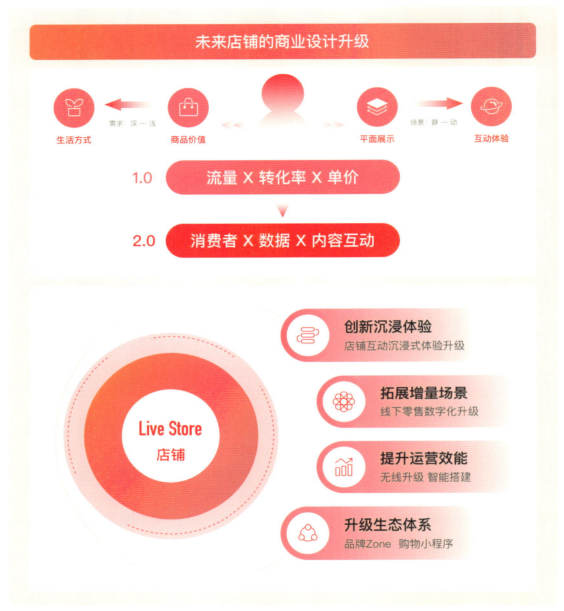

店铺 Live Store 升级策略

框架的扁平化

关于店铺 2.0 框架的升级，综合了历年店铺大数据及用户在私域内的浏览路径。在原有框架基础上，将主 Tab 导航栏上移到框架顶部，采用了更扁平的结构统一收拢优化了导航类目，同时去除了之前过于花哨的店招背景氛围，使用统一纯色作为店铺头部在非大促状态下的背景色，强化了店铺主体名称、全局素引导航等主导逛店心智的组件，降低了不同类型店铺的装修成本。同时，这样的优化还可以扩大导购区域的范围，让消费者进一步聚焦在商品内容本身，更快捷地逛店、找货，帮助商家提升商品分发效率。

扁平化的导航

一级Tab导航整体设计动线简化

店铺框架扁平化结构升级

"流媒体"的沉浸式体验

在导购内容升级上，引入了直播、短视频等当下消费者最爱看的流媒体导购内容，同时为此重塑了沉浸式的逛店体验；店铺直播卡片以更加生动形象的交互形式透传了当下"正在进行"的店铺直播，提供了消费者在店铺内边看边逛的可能性，不会错过每一场直播精彩内容。此外，还提供了店铺短视频合辑卡片，让商家可以在私域内完成营销种草等视频内容的分发；在品牌Zone的开屏设计上，以强展开的流媒体播放形式帮助商家强化了品牌调性的营销推广……未来，在沉浸式逛店体验的打造上还有更多的空间可以探索，当前只是阶段性迈出的第一步。

沉浸式内容体验

为直播和视频内容打造沉浸式体验空间

"流媒体"的沉浸式体验

模块的"数智化"能力场

前台框架已焕然一新，后台商家装修端需要同步对模块"数智化"的升级和开放能力进行拓展。通过接入各种视觉增强能力，让模块视觉元素的表达立体化。通过算法的加持，让模块中的宝贝浮现更"懂"用户，使商家可以轻松享受模块转化效率的提升。在此基础上，扩展出更大的能力空间来匹配商家自运营不断升级的大趋势，通过对购物小程序和三方模块的接入及商业化链路的构建，成为激发整个商家三方生态在模块互动上的"源力"。

从模块衍生到模块的组织，也是顺应智能化的方向，通过商家装修行为和前台模块数据回流来组织更好的模板普惠新手商家，将店铺数字化的能力真正赋能到各个层级的商家用户。

模块的"数智化"能力场

逛店动线重构与动态导购

店铺 2.0 逛店动线依据消费者的渠道来源与显性化购物意图也进行了优化与调整，将之前流量统一、进入单一的导购场，调整为基于消费者的逛店趋同性诉求，从而引流至店铺内的多元化导购场。在此基础上，店铺再通过智能算法化解析进行导购内容的精准输送。

逛店动线重构与动态导购

在动态导购上，不得不提一个典型的案例——人群分层权益模块的设计，在2019年双十一时已进行了初步人群分层导购尝试，核心是在商品的推送逻辑上更精准地进行人货匹配；在2020年双十一购物狂欢季上，除了更侧重于在前台表达上强化消费者分层身份的体感，同时人群权益导购也会基于不同的进店渠道、消费者与店铺的关系、购物偏好等进行动态透出，导购模块形态也随着不同的导购场景进行因地制宜的融合化设计。

店铺人群分层差异化承接

人群分层差异化承接

结语

店铺 2.0 升级是一个持续精进、不断探索与发现的成长过程：2019年专注于店铺背后基础导购能力的建设；在2020年，店铺已经从后台走到了前台，C端从店铺框架到内容上都有了翻天覆地的变化……我们还在不断前行，期待后续可以给商家拓展更多的运营增量，同时给消费者带来全新的逛店体验。

TAOBAO LANDING PAGE

4.4

手机淘宝首页

首焦整体在大
促期间成为了
大促分发的第
三大流量

探索新首页环境下的大促最优解

2020 年手机淘宝首页在双十一面临的主要挑战是需要面对一个新的首页环境，因为在 2020 年 10 月手机淘宝客户端使用了新版首页，双十一是新版首页对大促的第一次承接，所以最核心的设计目标是通过在双十一各个阶段的 AB 投放测试，沉淀大促在新首页环境中的最优解法，同时为各个分人群版本的大促状态建立产品雏形。

通过 2020 年的双十一，主要得出以下几点结论：

1. 新的首页大促分发格局已形成，中心化分发方式已不再适用

双十一当天首页各个大促模块对主会场的流量引导已经形成新的分发格局，主会场的信息流云主题推荐显著上升。

因为这些新的流量入口的出现，手淘首页在后续大促的设计中将对各个资源位进行重新定位：打破大促会场固定的中心化分发方式，用更多的信息流内的资源位做大促期间的个性化分发入口。

2. 产品化思路为大促插卡提效

整个双十一期间，针对主会场插卡进行了多个版本设计方案 AB 测试，从位置、面积、动效 3 个角度确定了首页插卡效率最高的设计模式。其中，处于屏幕中间区域的"一排三插卡"因为将个性化商品的面积占比提升到了极致，取得了最优的导流效果。

3. 各分层版本的大促态承接

由于不同用户升级进度等问题，双十一期间，手机淘宝首页存在多个版本。针对不同的首页版本，双十一的首页大促态都做到了合理兼容与承接。尤其是针对人群分层版本，因为存在特定的特色权益产品化模块，所以需要在常规大促模块的基础上做延展性设计，在传递常规大促气氛的同时，也能让用户可以感受到专属权益。

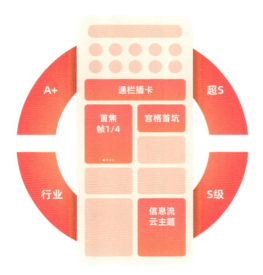

双十一首页各阶段的设计方案

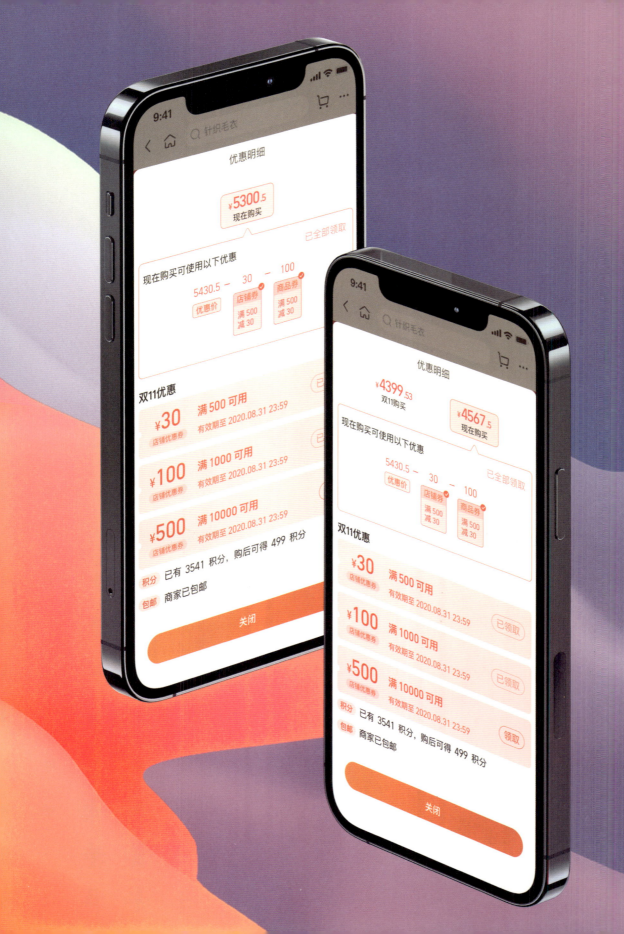

PRICE TAG CLARITY

4. 5

价格表达升级
的一小步

价格和权益的
表达固然是越
简单清晰越好

前言

价格表达是历年大促中遗留下来的较为突出的痛点问题，几乎每年大促期间都能收到各种"复杂看不懂"
"理不清楚、算不明白"的用户吐槽声音。这个问题之所以一直存在，背后有其深远的历史原因和实际困
难。2020年，在面对这个"老大难"问题时，设计师尝试了一些新的设计思路和优化方案，迈出了价格表
达升级的"一小步"。

为什么价格表达如此复杂

双十一期间听到最多的用户吐槽声音莫过于价格算不清楚，要想解决这个问题，还要从导致这个问题的源
头去分析。那么，究竟是什么原因导致价格表达如此复杂？

1. 营销工具的叠加

淘宝和天猫平台经过多年营销的积累沉淀，形成了丰富的平台营销玩法和完备的营销工具体系，能够使商
家在各种营销场景下灵活使用，以实现不同的营销目的。

丰富的营销工具有其重要价值，使商家在日常营销中可以保持很高的自由度和灵活性。但是在双——这样
的大促场景下，同类商家之间的竞争异常激烈，为了提供更多让利和优惠来吸引消费者，同时为了获得更
多的平台资源支持，商家往往会同时将多种营销工具应用到同一款商品中。商品的最终成交价格需要一层
一层地减扣掉各类优惠和权益之后才能得出，这就给价格计算和表达增加了难度，也是大促期间价格表达
复杂难懂最直接的原因。

双十一期间的成交价格计算

2. 商家的自主营销表达

大促期间的商家让利往往是全年最高的阶段之一。对商家来说，越多用户看到商品的优惠价格，就有越多的用户可能成交，所以不会错过任何一个将优惠价格传递给消费者的机会。在这种背景下，商品主图往往会被商家标注上包括价格在内的各种优惠权益，形成了各式各样的"价格区块"信息。

由于形形色色的"价格区块"一直是商家主动行为，平台无法做到统一管理，在表达上较为随意：各种定金返现、尾款返现、前 N 返现等表达层出不穷，规则各异，不仅用户理解起来晦涩难懂，而且容易产生纠纷与客诉。

线上部分商家制作的"价格区块"商品主图

3. 营销表达缺乏规范

在日常营销中，为了表达足够的营销体感，不同的营销工具在各个用户接触点上做了相对独立的营销表达。在单个营销工具透出的场景下，信息用户的理解成本相对较低；但到了大促场景下，当不同营销工具的表达出现在同一个页面时，优惠权益的表达形式没有统一的逻辑去规范，就立刻造成了营销表达的混乱，权益类型、权益力度、使用条件等关键信息以不同的形式叠加展示在页面中，使用户难以感知和分辨。

以商品详情页为例，不同优惠力度的权益在表达上区别很大，往往折扣力度低的权益氛围表达比折扣力度高的权益更为浓重。用户无法通过直观的视觉感受判断优惠权益的内容，不同层级的营销氛围与权益力度无法在用户心中形成一一对应的关系。

商品详情页价格表达的问题分析

人们需要什么样的价格表达

在设计价格表达时，既要照顾消费者的使用体验，也要充分满足商家的实际诉求，更要符合平台层面的管控要求。

1. 消费者的诉求

无论是互联网电商，还是线下零售，所有营销工具的最终目的都是为了促使商家与消费者之间的交易能够更好地达成。商家和平台通过营销工具来调控预期成交价格给用户，让有成交意愿的用户完成购买。

从消费者的角度来说，价格和权益的表达固然越简单清晰越好，商家的底价究竟是多少最好能做到一目了然。

2. 商家和平台的诉求

商家所处的环境是与竞对商家之间的竞争，为了争夺有限的潜在客户，在价格方面除了降价让利，还需要让消费者充分感知到降价带来的优惠体感。从平台视角来看，需要营造一个公平的竞争环境，优生劣汰。这就要求对不同的优惠价格和权益做到充分而又恰当的表达，既要充分传递出优惠信息，又要避免过分表达，让消费者难以分辨。

价格表达的优化

1. 帮助用户算清楚价格

在商品详情页这类信息密度极高的页面中，每个页面区块都各司其职，各类营销权益及优惠内容分别表达，这就造成了价格的表达和权益是剥离开的，用户必须自主计算原价减去各类优惠之后才能得知具体的预计成交价格。计算过程本身就很烦琐，加之优惠叠加层数较多，用户往往会漏算错算，导致耗费很大精力后计算出的价格却与实际成交价有偏差。

2020 年的双十一，首次将商品的预期成交价格以计算公式的方式呈现出来，在优惠浮层中展示，这种方式能够将价格与权益的关系清晰、明确地表达清楚，以往算不清楚、算不对的情况就不复存在了。明确的预期到手价能够帮助用户快速做出价格对比，让购物决策更高效，节省出来的时间可以浏览更多的商品。对于想了解具体优惠内容的用户，各项优惠所折扣的金额也一目了然。

优惠详情中的价格计算公式

2. 对"价格区块"的管控

从单一商品来说，主图"价格区块"提升了优惠价格和权益信息的传递效率，但当大多数商家都开始这样做时，由于每个商品的主图表达形式各不相同，页面就会显得杂乱无章。为了提升传递效率而存在的"价格区块"信息也就淹没在了满屏的杂乱信息中。尤其是在商品详情页中，商品主图占据了主要的屏幕空间，"价格区块"信息会严重干扰用户阅读和理解商品。

在当前的平台营销规则下，商家通过主图透传价格的诉求始终存在，无法强迫商家不去表达，但可以用合理的手段去规范化商家的表达，甚至提升商家制作"价格区块"的效率。2020 年双十一上线的价格区块模板功能利用了"鹿班"智能合成图片的能力，将原本需要手动绘制并替换的商品"价格区块"主图，以实时自动生成并替换的方式呈现出来。通过设计规范化的主图"价格区块"模块，避免了前面提到的信息杂乱和干扰用户阅读的问题。

| 预售定金付款期 | 大促现货预热期 | 现货大促&聚划算售卖期 |

官方主图"价格区块"示意

3. 更聚焦的商品价格表达结构

受制于开发资源紧张等问题，2020 年双十一在价格表达层面还有很多创新和尝试未能及时与广大用户见面，但在优化价格表达的方向上从未止步。

除了将价格计算的过程以可视化的形式表达清楚，以及对商品主图的"价格区块"进行规范化管理之外，处理不同权益同时出现时的表达冲突也是优化价格表达的一个重要方向。在梳理整合了平台各类营销活动和权益的表达后，围绕商品详情页的价格权益结构调整也在紧张地推进中。期待简单、轻便、高效的价格表达方案早日上线与大家见面。

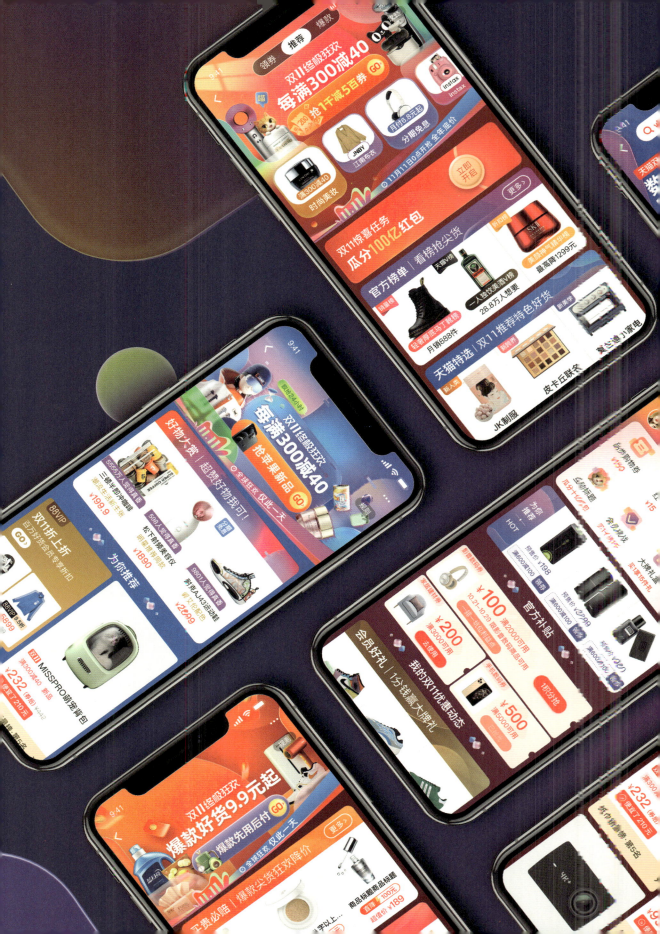

SHOPPING
GUIDE

4.6

一个懂你
的会场

精细化设计是升
会场承接效率

会场定位的演变

会场，作为一个大促活动背景下诞生的产品，在 12 年的双十一历程下不断发生着演变。

类似于线下，会场就是一个聚合大型促销活动商品的中心场，消费者在其中"逛"并购买到活动优惠各多的品牌商品。按品类、场景、人群组织起货品楼层模块，向二级需求场分发是其主要的导购模式。

随着新增流量逐渐减少，需要提升存量流量的效率，加之活动商品的发现和决策更多地转移到去中心化场（如首页猜你喜欢、搜索等），使商品的直接浏览转化逐渐超过分发需求，成为会场的核心目标。以商品个性化为底层能力的商品混排瀑布流成为了承担转化效率的主要导购模式。而以往向二级需求场分发的需求被作为混排卡片的形式穿插在瀑布流中。

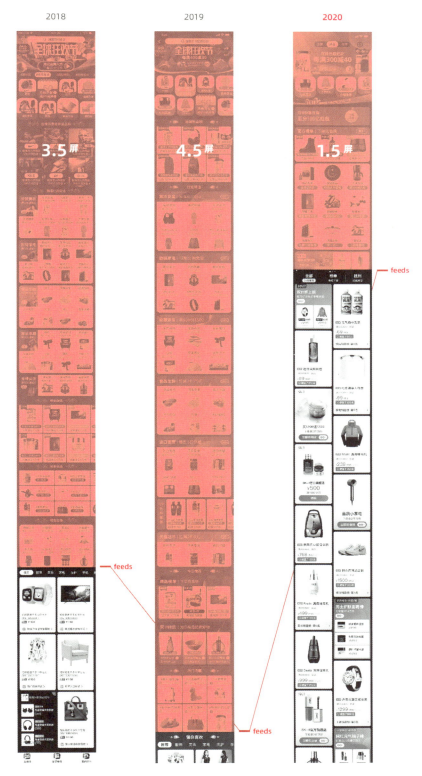

2018年到2020年会场页面结构变化

通过观察 2018 年到 2020 年站内主会场的页面结构，分发楼层模块占页面高度从 3.5 屏到 1.5 屏。相应地，商品混排瀑布流"猜你喜欢"上升到了下滑 1.5 屏便能抵达的位置。

分发效率与转化效率组成会场的承接效率。在以转化效率为主、分发效率兼顾的目标下、相对应的导购模式（以混排瀑布流为主）确定的前提下，以及货品内容算法个性化承担核心转化的基础下，如何将货品、权益和内容进行高效组织并精准传达给消费者，是设计需要解决的问题，也是提升承接效率的重要手段。

精细化设计提升会场承接效率

要想提升货品、权益、内容组织、传达的高效与精准性，核心逻辑是理清"来看会场的消费者是谁、来自哪里、他们的需求和偏好是什么"，从而定向地对其进行针对性的设计和表达。承袭往年已验证有效的"分人群"设计实践经验，2020 年继续拓展人群维度。同时，会场的不同流量来源渠道背后映射的是各自的人群特征，针对渠道做定向设计本质上也是在为该渠道的人群做定向设计。因此在以往基于基础画像的人群维度基础上，2020 年新增了按渠道类型的定向设计，即"分渠道"设计。"分人群"与"分渠道"设计便是 2020 年会场设计的核心策略。

设计策略"分人群""分渠道"

分人群设计

2019 年会场对低购人群进行了针对性设计，包括氛围层——审美、商品层——人货匹配、文案层——差异化沟通。2020 年在低购人群、中高购人群的基础上，新增 95 后 Z 世代人群，分别在站内外会场氛围层和模块层进行了定向设计。

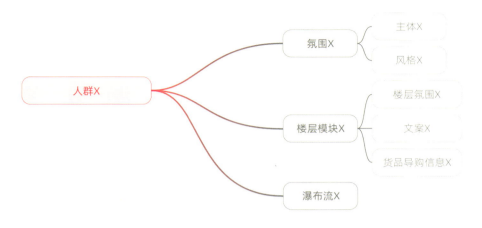

人群维度 – 氛围/模块

1. 氛围层

氛围版头按照结构划分了主体、风格等，在保持双十一活动主 KV 风格心智统一的设定下，基于 3 类人群基础画像和消费偏好的分析进行定向设计。对版头模块曝光和点击转化均带来了正向影响。

人群基础画像和消费偏好（ref. 行业人群研究报告）

低购人群：追求实惠、品牌心智弱、客单价低

中高购人群：追求品质、品牌心智强、客单价高

95 后 Z 世代人群：尝新、消费显自我、追求打造专属人设、颜值、二次元、注重文化圈

A. 主体

低购人群：日百、家清、食品等快消商品

中高购人群：消费电子、大牌美妆等商品

95 后 Z 世代人群：人设卡通形象、潮物玩品等元素

B. 风格

低购人群：热闹促销、高纯度暖色系

中高购人群：调性精致、跟随主 KV 色系

95 后 Z 世代人群：丰富多彩、高纯度撞色、荧光色点缀等

低购版头氛围　　　　　中高购版头氛围　　　　　Z 世代版头氛围

2. 模块层

（1）货品楼层

在媒介外投会场中，针对低购、中高购、95后Z世代低购和95后Z世代中高购分别使用了9.9元低价、5折、低价爆款、中高价爆款做定向货品承接。设计侧则在货品特征基础上分别对氛围、文案、货品导购信息做了人群定向设计。

A. 楼层条氛围

低购人群：热闹促销、高纯度暖色系

中高购人群：调性精致、跟随主 KV 色系

95 后 Z 世代低购人群：热闹促销、高纯度暖色系、卡通元素

95 后 Z 世代中高购人群：丰富多彩、高纯度撞色、荧光色点缀等

B. 文案

低购人群：促销型用语、简短直白、强引导

中高购人群：标准营销用语

95 后 Z 世代人群：年轻群体网络用语，如宝藏、一键 get、前方高能、pick 等

C. 货品导购信息

本次楼层模块引入了智能 UI 算法技术，同样的货品针对不同的消费者是凸显价格本身好、折扣直降信息好还是评价销量信息好，不再是人为主观地去定义，而是借由机器的力量将设计师预先为每个信息字段设计的多种样式穷举组合方案，投放给上述提及的 3 类人群，按点击转化效率最优给出最适合该人群的样式组合。经过测试，可以发现一定的规律：

低购人群：强化价格信息本身最优

中高购人群：强化折扣直降信息最优

95 后 Z 世代人群：强化用户种草数信息最优

外投低购、中高购、Z 世代低购、Z 世代中高购人群模块

（2）瀑布流

除了楼层模块，商品瀑布流作为会场的主要核心导购产品，更是需要做到千人千面。延续往年智能 UI 应用的成功经验，2020 年在原有基础上丰富了字段和价格区块的样式表达，为穷举组合方案数的提升进一步增加了原始底料素材。理论上讲，穷举组合方案数越多，不同人群看到的效率最优样式就越精准。

A. 丰富信息字段

版式 x2：一排一、一排二

图片素材 x2：场景图、白底图

角标 x3：直播角标、品牌标志、分期角标

店铺名 x1：店铺名

商品标题 x1: 商品标题

导购与利益点信息 x9: 新品、服务、利益点、用户评价、卖点、88VIP、销量、种草数、属性

信息字段穷举组合方案

B. 升级价格区块样式

价格信息表达清晰与否一直是消费者购物体验中的重要课题。通过对过去大促活动下消费者对价格优惠信息的舆情分析，以及手机淘宝全年在基础链路对券后价心智表达的推动，2020 年的双十一会场全面推广价格力表达逻辑——即有确定性、有主次关系地表达 3 类信息：当前优惠价、优惠值、原标价。

价格力设计表达模型

同时，基于该套表达逻辑，由弱至强设计了 4 种价格区块样式，以对应不同人群在逛商品瀑布流时对价格优惠信息敏感度、易被转化偏好度的递进程度。

简版：当前优惠价、原标价；视觉感知弱

普通优惠：当前优惠价、原标价、优惠值；话术"便宜了多少元"、视觉感知弱

强化优惠：当前优惠价、原标价、优惠值；强化优惠值的视觉感知

单排胶囊：当前优惠价、原标价、优惠值；视觉感知强

商品卡片价格区块递进表达

分渠道设计

一般情况下，会场产品中有两项基础指标：流量规模和流量效率。前者依赖于投放的渠道规模与入口引导转化效率，后者则取决于会场的结构（骨）、货品（肉）、信息与传达（皮）设计是否已承接好不同的渠道流量。渠道背后是消费者，渠道特征即消费者特征。如果说分人群设计对提升承接效率有效果，那么分渠道设计也同样。本次会场分别对3个场景进行了分渠道设计：分站内渠道与站外渠道；分站外通用渠道、Bilibili与抖音渠道；分站内互动渠道与非互动渠道。

1. 站内与站外

以往站外渠道会场页面完全复制站内，然而消费者在站内和站外的场景需求是不同的。不论是手机淘宝还是天猫等站内场景，消费者都是带着消费的诉求而来的，而站外消费者的人群诉求则更复杂，取决于其所在的渠道类型本身，也许是在看视频的、读书的、听音乐的因特网产品中被双十一活动信息触达，其本身并非带有消费诉求，严格来讲，处在站外的消费者应该称为"用户"。

那么对于这部分体量远大于站内存量消费者的人群而言，快速感知双十一活动信息并快速发现自己感兴趣的商品有活动优惠，便是最终的设计目标。

对应地，简版氛围版头（去掉顶部 Tab、搜索、分流泡泡区），以及精简楼层高度、应用分人群楼层模块、上提商品瀑布流到 1 屏位置，便是设计手段。区分设计后，站外投放媒介主会场同比 2019 年流量效率大幅提升。

站内主会场 vs 站外主会场

2. 站外各渠道，Bilibili 与抖音

除了站外渠道的人群诉求不同，不同渠道的人群基础画像也不同。比如 B 站的用户以年轻人为主，趣味、不拘泥规矩、圈层、二次元是他们的标签，而快手短视频则以三线以下城镇人群为主，娱乐、性价比追求、跟随性消费是他们的特征，等等。2020 年的双十一会场，在站外渠道特别为 Bilibili 和抖音两大流量渠道做了定向设计。同样，秉承站外快速传递活动信息、兴趣货品优惠信息的设计策略，在氛围层增加了 95后 Z 世代人群的样式，楼层模块在定向货品的基础上强化了文案和信息差异化表达。

Bilibili vs 抖音 vs 站外通用主会场

Bilibili 模块 vs 抖音模块

3. 站内互动与非互动

每年双十一中的会场与互动是两大流量盆地产品，"逛会场"作为互动玩法中的任务之一，每天会给会场带来巨大的流量，与此同时，它也像一把双刃剑，由于来到会场的互动用户主要是为了完成任务。如停留15秒等，则对这部分人群而言要提升转化效率：需要延续他们所沉浸的互动心智，简单来说就是"逛会场"也有"养猫猫"元素的感情支线穿插在其中，在商品瀑布流的商品坑中增加了猫猫对话引导；缩减需要二跳的楼层模块数量，避免用户对跳转后当前页面计时是否停止而犹豫，将商品瀑布流提至 1 屏，使用户在当前页面逛起来。

区分设计后，互动渠道主会场同比 2019 年流量效率大幅提升。

站内非互动渠道主会场 vs 站内互动渠道主会场

导购创新设计加成转化效率

除了上述介绍的分人群、分渠道设计策略，2020 年的会场还对若干基础体验进行了优化，如顶部 Tab 滑动手势优化、搜索强化、直播沉浸式版头等。同时，设计还发起了 3 项创新，为 IPV 增量提供了巨大帮助。

1. 欢乐礼包

用户在双排商品瀑布流的滑动浏览中是否存在疲态？是否有增补的发现机制？以往依靠楼层分发流量的方式现在穿插在瀑布流中是否有同样的效果？会场的回访除了依靠货品本身还能有什么样的抓手？以这些问题为出发点，便诞生了"欢乐礼包"这样一个创新导购产品。

消费者可在滑动浏览的行为动线中，增加一种点按操作即可发现货品、权益的路径。同时随着消费者在会场滑动、停留、浏览累计到特定时间后，将会给予用户抽奖的机会，通过权益置换用户活跃度和回访。

在产品功能上，它由带有进度积累的浮标和承载货品、权益、内容的弹窗组成，是一种积累用户一段特定时间内的浏览行为而主动推荐相关性权益、货品的发现机制；在运营空间上，它具备流量调配、商业化确定性流量、权益互动等承接空间。

经过测试，在设计上将浮标置于页面中央底部，加之动效引导，该浮标的点击效率是所有已知站内浮标中最高的，更重要的是，它的存在不会影响用户对页面其他内容的点击效率。该产品的创新设计具有高度复用性，并成功被授权发明专利。

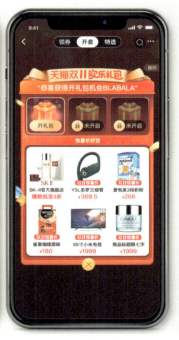

"欢乐礼包"浮标与弹窗

2. 回退推荐

当商品内容混排瀑布流作为会场的主要导购形态时，很显然，用户的动线便是一贯地滑动浏览、往返于详情页、内容承接页和瀑布流之间。每一次点击二跳的产生便代表着一次消费者需求的聚焦，而从商品详情页或内容承接页回退的行为则表明：对该商品或内容不感兴趣了；仍然有兴趣但该商品或内容不够精准。抓住这个需求点继续给消费者推荐相关商品或内容，以深化需求进行形成最终转化，是提升流转效率的机会点。在为消费者回退至瀑布流时设计了推荐卡片，基于消费者点击的商品或内容，推荐相似的、相关的、搭配的商品。2020 年双十一会场混排瀑布流中共设计了 8 种卡片类型：单品、行业会场、88VIP、淘宝省钱卡、榜单、官方特选等，除了商业化卡片，其余所有的卡片类型都能触发回退推荐。

3. 分流区：弹幕、Coverflow

分流区是会场中紧跟版头标题和按钮之后的模块区域，主要用于承接所见即所得和流量分发。从 2017 年至今，"泡泡"一直是分流区的主要形态，而由于它不仅承担上述功能，因其处于首屏版头的位置，更扮演着传递大促氛围体感的角色，所以在形态上、动态上的呈现形式需要更新，需要给消费者传递新体感。因此 2020 年的会场共提案了两种新形态设计：Coverflow 和弹幕。

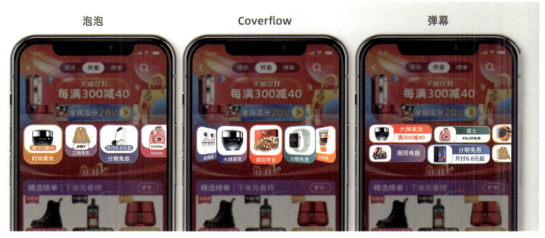

泡泡（左）、Coverflow（中）和弹幕（右）

（1）Coverflow

创意来源：音乐唱片封面

交互形式：横向滚动翻阅，卡片同时具有 X 轴的位移、Y 轴的角度翻转和 Z 轴的前后透视关系，一屏由中间向两侧展开，共曝光 5 个卡片内容，自动以 2 个卡片为单位横向滚动。

（2）弹幕

创意来源：视频弹幕

交互形式：在同样的模块高度中拆分成上下两行，一屏可以曝光 6 个商品、4 条完整弹幕，弹幕自右向左缓慢自动滚动，且支持滑动。

未来展望

"精细化"仍是继续深挖实践的设计方向，但除了商品卡片模块应用了智能 UI 的生产逻辑，其余模块，如版头、模块氛围等仍是按照设计师主观洞察目标人群特征的方式，然后人工产出多个定向方案，进行投放测试。从生产效率和验证成本来说，都相对较高。因此，继续结合机器的能力，不论是打标能力还是合图能力，都是未来降本增效的必由之路。

分渠道设计在 2020 年双十一期间得到验证有正向效果的基础上，也应该把目光拓展到更多的上游渠道，放到会场和其他链路之间的关系上。如果会场是一个导购场的话，为了快速收窄消费者的发现需求，是否应该在决策场和会场之间建立通道，比如搜索作为 IPV 转化最高的场景，是否能和会场商品瀑布流打通，也许是一个提效机会点。

开启了 12 年的大促会场，在未来的 12 年是否还是今天这样的形态？它扮演的产品定位是否会发生变革？设计又能从中发挥什么样的创新作用？这些都是在未来值得大家拭目以待的。

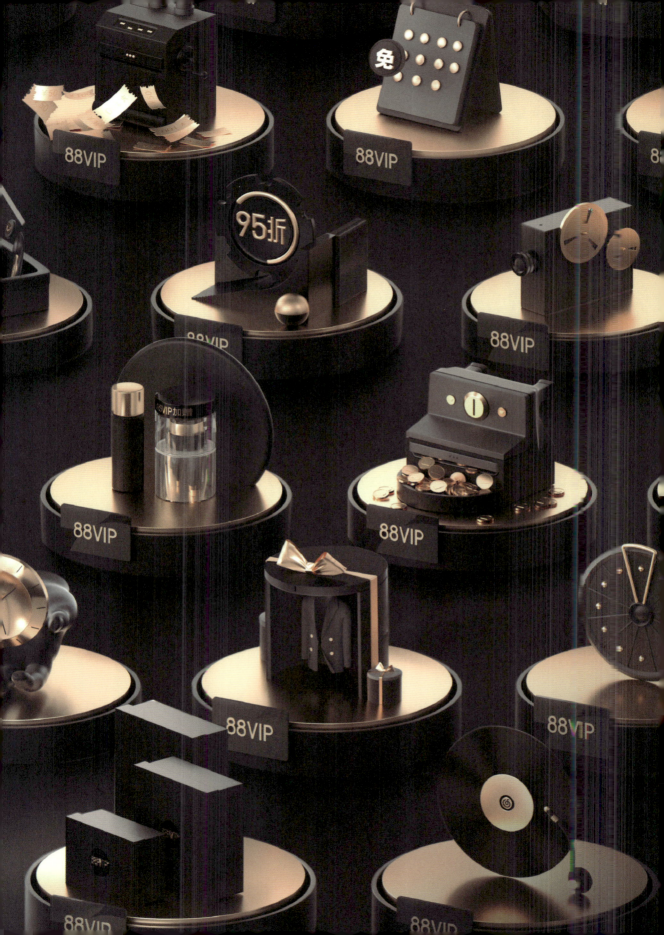

LOYALTY PROGRAM DESIGN

4.7

88VIP 就是想帮你省很多钱

让用户享受
物超所值

平台付费会员的诞生

88VIP 诞生至今已经 3 年了，而全网对 88VIP 最多的讨论始终是"值不值得开通"。尤其在双十一期间全球消费者狂欢购物，在满减玩法、养星秀猫、行业优惠活动等大量信息冲刷下，如何在错综复杂的环境里进行会员业务设计。

业务高速发展下，88VIP 要做到"从无到有再到快，说用户想听的，给用户想要的"。事实上这并不简单，设计要解决三大难题：触达难、开卡转化难、使用难。

88VIP 设计重点难点

为什么要给用户这么超值的 88VIP

网络冲浪十级选手们应该都经历过淘宝的"心钻"体系（买卖双方的信用度等级体系）、"V 等级"体系（用户消费数的成长等级体系）、"超级会员"（淘气值 1000 分的用户价值体系）及现在的"88VIP"（集中赋予付费会员价值体系）。

而这些正是淘宝平台对于人群运营的循序渐进发展过程，从免费到付费，88VIP 集中赋予的高价值人群对于平台来说，不仅意味着高消费，还意味着高黏性。

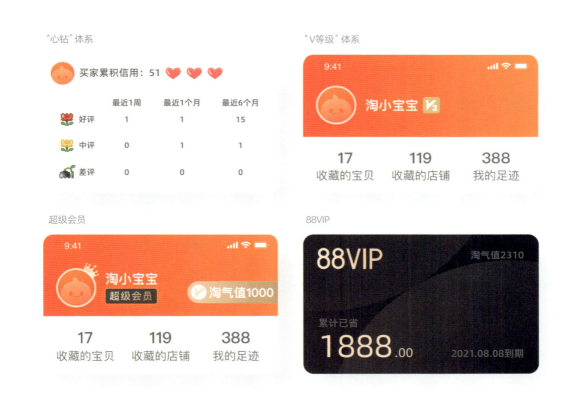

淘宝平台会员体系

从诞生之日，88VIP 就捆绑着天猫精选品牌折上 9.5 折等购物权益，以及优酷、饿了么等各种阿里生态权益。但想要维持这份价值，只有不断新增的会员权益才能够保持吸引力。

近一年内，又高调引入了万豪金卡、网易云黑胶 VIP 等重磅权益，精选品牌更是替换了一大批注重"品牌力"的 Prada、娇兰、IWC 万国等头部品牌。以优质的供给吸引优质的用户，所形成的规模价值拉动优质的品牌入圈，88VIP 将真正实现"承包你的生活"。

88VIP 权益概览

88VIP 的设计思路

在大流量场景下如何找到并招揽用户，在转化场景下如何因人而异地介绍丰富且多样的会员权益，在会员阵地中如何营造超感，这三者形成了付费会员业务中的用户全生命周期，因此通过"触达—转化—使用"的设计思路，更好地触达用户、更快地转化用户、更有效地留住用户。

付费会员业务中的用户全生命周期

触达，让用户看见并吸引

会员的核心吸引力在于权益，"高精尖权益的透出"能让用户感受到会员优异的权益价值，"权益赋予的身份象征"则能让用户感受到会员的身份价值。设计所要做的就是帮助业务决策在哪里透（看见），以及如何透（吸引）。

1. 哪里透

"酒香不怕巷子深"的想法在电商平台已经落伍了，如今需要带着产品去各式各样的重点场所，找到具有付费可能的目标用户，以他们看得见且看得懂的方式加以招揽。因此，要找到用户消费路径的核心节点，并针对性地解决触点问题。

（1）平台触点

淘宝平台稳定且巨大的流量场存在于用户的消费链路，会员触点和核心流量节点深度融合才能高效地形成转化，如首页、搜索、商品详情页、购物车、营销会场入口等，这是让用户看见 88VIP 的首要场景，并且要不断加强用户对会员品牌的记忆。

88VIP 核心消费链路触点

（2）用户触点

众所周知，淘宝是一个弱社交场景，不像强社交工具在社交会员产品提供的红名或线下 VIP 通道可以让用户有鲜明的身份对比，但只要有用户接触点就不能放过，如评论、直播等。

评论　　　可大家　　　直播　　　群聊

88VIP 核心用户触点

（3）客服触点

服务也是衡量会员业务的一个标准，手机短信、App 应用推送或客服电话等场景都应该保持优良的服务主术。

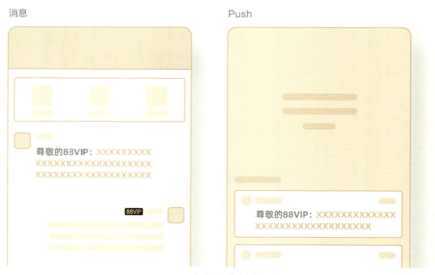

消息　　　Push

尊敬的88VIP：XXXXXXXXX

尊敬的88VIP：XXXXXXXXXXX

88VIP 客服链路触点

2. 如何透

究竟什么样的设计能更加投人所好地触达，这就需要用文案将权益价值表达得更加清晰，也可以运用图视使用户更易理解权益。

在链路设计中，除基本的"88VIP 享折上 9.5 折"，权益价值外化能够帮助用户更好地理解权益，更快知道"我能再省多少钱"。在空间充裕的情况下提前算出"88VIP 折上 9.5 折预计再省 _____ 元"，并在营销场景强调权益稀有价值，传递"88VIP 享折上 9.5 折"。双十一期间 88VIP 上线了更多权益玩法，如美妆加赠（如下单再赠 6ml 精华露旅行装），都应用了外化的沟通方式，全面提升了用户的权益价值感知度。

腰带旧版本

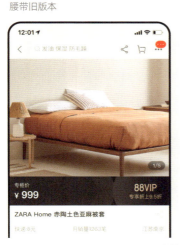

腰带新版本

购物场景强化权益感知度

此外，多种丰富的权益类型也会通过符号化的提炼、通过某种物质形象来打造，在带来高品质的第一印象的同时，也让人更容易理解，迅速与其他业务产生不同的认知体感，并进一步引起用户的兴趣。

3D 质感权益符号设计

转化，让用户感兴趣并理解

当用户被某种权益吸引后，因人而异地介绍丰富且多样的会员权益，给用户以"开卡很划算"的感觉进而加速付费转化。

因此需要随时随地给用户搭建转化场，更加结构化、清晰地讲解会员权益。这种转化场既可以是一个模块，也可以是一个页面。

去过 APPLE 线下零售店的人都应该见过店员们手上都有一台随身收银机，许多餐厅及零售店也纷纷仿效，这表明了零售业正在不断地压缩并简化付费流程，对有购买欲望及付费需求的用户提高服务爽感与购买转化率。

同理，88VIP 为了让用户也有相同的爽感，设计了"合并下单"及"智能开卡页"两大"杀器"。在用户确认订单并付款时，若订单中有 88VIP 相关权益商品，就能方便地勾选并支付卡费，让该笔订单同时享受折上 9.5 折、小样加赠等优惠，这就是融入场景、助推用户开卡的"合并下单"。

而"智能开卡页"就像是一个非常了解用户的导购员，除了顺着用户感兴趣的权益进一步详细介绍，还会针对不同兴趣的用户改变沟通顺序，第一时间透出用户感兴趣的内容。

合并下单

智能开卡

强化核心链路权益转化能力

智能化的橱窗艺术

88VIP 的权益有很多，很难一两句话就能讲明白，希望权益内容的透传也能像淘宝的商品个性化一样，进入智能排序与个性化透出的智能时代。打造动态化的权益模块排序、动态化的模块内容透出、动态化的身份引导开卡或续费，是"智能开卡页"的最终目的。

设计需要像设计橱窗艺术一样让权益可以有场景、有主题地被展示，并重新包装花枝招展的权益内容。

例如，所有的购物及身份权益都可以包装成"购物省！""限时抢！""身份多！""礼遇多！"四大主题，让用户先大致浏览 88VIP 的权益有几大维度，再展开了解购物时享受怎样的折扣，开续卡时有哪些限时好礼，身份特权是打通了多少联名会员，品牌购物还享有怎样的加码礼遇。

橱窗艺术是周期性的，但这里的"橱窗"却四季无休地暴露在用户面前，所以除了主题化，还需要满足不同用户的个性化诉求。为了让用户能够在大量营销信息之间迅速理解权益，需要快速筛选用户真正在意的内容，并对不同用户打造不同的浏览动线。

会员阵地权益智能化透出

对当下可开卡的用户，会换算会员价值，让用户知道预计可省多少钱。

对还没到达门槛的用户，会加强沟通，告诉其如何达到门槛并引导成长行为。

对快失去开卡资格的用户，会强调开卡是有门槛的，并提醒用户错失机会很可惜。

对已开卡但快失效的用户，会直接展示用户的累积已省金额，并逐步加强到期提醒。

当然针对不同渠道的用户，会在图标、单模块、多模块等方面进行信息组织，以用户兴趣与消费偏好为基础，针对性地填充内容及排序模块，做到千人千面的"接客"能力。

冲刺   未开   续费

页面吸底组件承接千人千面能力

使用，让用户享受并觉得物超所值

为了"让用户满意"，在会员场地持续地营造超值感，让用户快速、便捷地找到并使用该服务，形成良好口碑。

就好像用户入会后的业务经理一样，向用户讲解付费后的会员管理、丰富权益的使用介绍、临时的活动通知、会员身份续费提醒等。

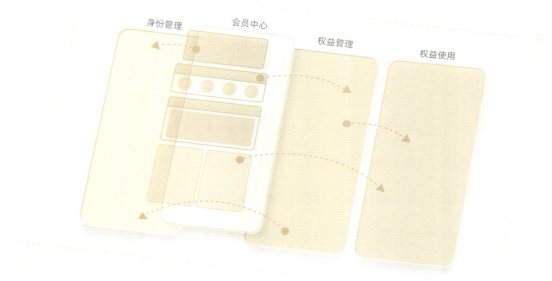

会员场地中的权益感知到权益使用

1. 复刻实体卡的特征

现实生活中，如果要使用或者管理卡片权益，只要掏出卡片就能在他人的目视及服务员的带领下享受贵宾服务或快速通道。

但在因特网平台，用户只能与冷冰冰的机器打交道，所以需要塑造会员特权的"符号化"象征。在设计中复刻并强化一张虚拟"卡片"毋庸置疑是最好的选择，它承载了 100 多年的人类记忆，也是表达身份特征的最好介质。

因此，从"入口"到"会员中心"及"营销会场"都秉持着建立用户长期心智教育和体感的目标，不断透出卡片，让用户看见这张卡就等同于看见了会员服务。

我的淘宝　　　　　　　　　　会员中心　　　　　　　　　　会员日会场

 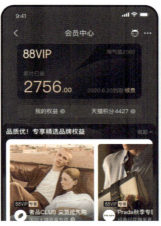 

关键触点的卡面透出

2. 权益使用去中心化

使用付费会员权益的过程或是逛逛营销活动找找想买的东西时，因为权益表达不清晰会让用户产生"不清楚有什么权益？"或是"找权益真是麻烦！"，就意味着更大的到期会员流失风险。尤其在 2019 年双十一开卡的用户，会有大量的人在 2020 年双十一期间到期，所以如何在大流量的 88VIP 营销会场及会员中心提供让用户"逛"得更轻松的体验，是很关键的一步。

为了让用户"逛"得更轻松，在最新版设计里减少了中心化模块，除了强调会员心智的几类顶级权益，都以去中心化的双排卡片加上个性化算法，通过高兼容的卡片框架容纳多种多样的权益，进而打造更符合当下用户习惯的瀑布流，使用户更加高效地使用权益。

更加丰富高效的权益瀑布流

3. 营销权益心智强化

各大会员产品会通过会员营销来不断运营用户，除了铺天盖地做广告与发短信，如何运用产品化思维来解决营销问题呢？

88VIP 会员业务曾有两个独立的阵地，一是会员中心承载着管理及使用固定权益的作用；二是在营销活动中会员日会场（每月 8 号）及特殊大促（8 月 8 日会员节/双十一 88VIP 会场）承载着临时权益营销作用。以往会在会员中心给出一套样式，也针对会场给予更具营销感的不同方案，投入更多成本却没有带来更大的效益。

但从用户角度出发，其实都回归到统一的"有新权益吗？"的想法。通过运用会员中心在"我的淘宝"的固定入口向用户传达"今天有重磅权益"，再在会员中心融入营销氛围，并把重磅临时权益模块融入阵地，以结构化的方式缩短用户路径，打造更明显的营销感知。

营销会场会根据每一次的不同主题，用同一套高兼容性的模块做拓展来呈现系列性的创意视觉包装，除了营造购物氛围，也因此有了付费会员"权益很丰富"的感受基础。2020 年双十一期间，对应业务更加丰富的权益类型玩法，以动态化的手段提高用户对新权益类型的感知度，促进用户进一步转化。

结束语

阿里巴巴集团 CEO 张勇曾经与消费者许下了十年之约，"如果未来消费者在主流消费生活中只需要一张卡的话，我们的目标和愿景是只需要一张 88VIP 就够了。"

88VIP 的愿景是打造全国规模最大、最全面的付费会员体系，而 88VIP 的设计目标是打造用户与淘宝连接的尊享权益体验，把更普惠的购物权益、更全面的生态服务、更尊贵的身份特权，用更清晰的表达方式为用户带来更便捷的会员体验。

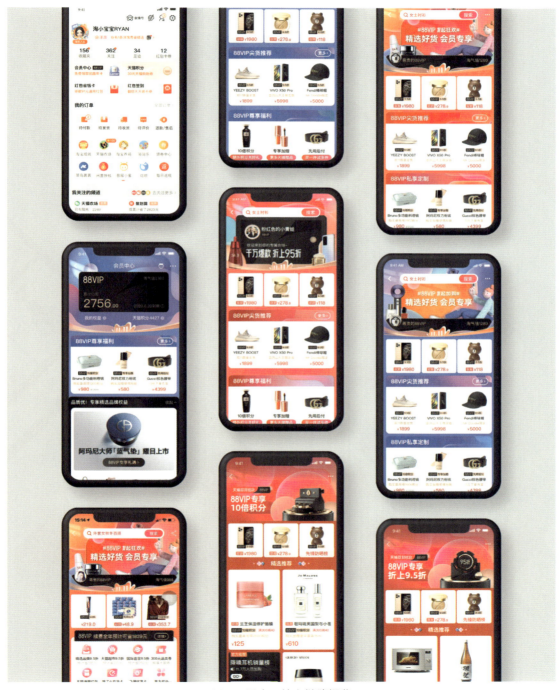

88VIP 双十一核心链路概览

CREATIVE
MARKETING

4.8

天猫超市
创意营销

营销设□是天
马行空□理性
克制并□

天猫超市双十一

在充满挑战的 2020 年，天猫超市迎来了体量庞大的双十一营销战役，业务诉求丰富，品牌合作变得更□深入，直播场景新颖，这些都为设计带来更多挑战。面对年轻的消费者，设计应该采用怎样的创□万法与思路呢？

1. 概念探索回归初心

双十一的品牌核心概念是生活会更好，为生活而加油，鼓励所有人共克时艰，积极面对未来。设计师希望天猫超市在视觉表达上延续这样的品牌精神。抛弃花哨的场景，团队在头脑风暴过程中化繁为简，□为生活加油的概念与天猫超市形象小铛家进行融合，得到了天猫超市的核心视觉，与整个集团品牌保持高度一致。

品牌天猫超市小铛家多阶段多主题演绎

2. 主视觉承上启下

天猫超市的主视觉设定规避了大促视觉元素堆砌的问题，强化空间层次，观感更加清爽干净，信息识别更加清晰直接，简洁的视觉表达让品质和浏览体验得到提升。天猫超市小铠家搭配上扬的动画效果，完美地表达出积极向上的双十一品牌精神。在活动全阶段，以天猫超市小铠家来上承集团双十一的心智，保证延续性和统一性，同时对消费者形成完整统一的记忆点，天猫超市小铠家与不同主题的结合也让天猫超市的自身品牌变得更加丰满立体。

天猫超市小铠家承上启下表达心智

3. 场景简单而温暖

既然主视觉简化了，那么在逛会场时应该是什么样的体验呢？会场场景卡片分流到不同品类的会场或者特色内容会场，通过家庭人物和天猫超市小铠家的结合来构建天猫超市特有的家庭感，引导目标消费者在逛会场期间关注到关键入口，导流到一个个充满人情味的家庭购物场景中。在结构上去掉不必要的装饰，寻求文字信息清晰，简明扼要，给消费者以更轻松的浏览感受。

小而美的场景卡片设定

4. 商品的细腻表达

如何将商品展现给消费者至关重要。好的创意本质上就是尽可能地放大商品的优点，告诉消费者为什么买，从而搭建起消费者和商品之间需要和被需要的桥梁。针对新品、加量装、爆品、时令商品等多条商品线打造丰富多样的特色内容，重新设定不同商品力的表达方式。

新品有成分、国潮、味道等丰富的分类。以"星"寓"新"，如天上百万星辰一样闪闪发光。在星星视觉锤的基础上结合多种创意手段去表达，如国潮装、联名款等比较偏重外包装的商品，选择在页面中以更大的画幅空间去展现商品的外观特色；而新成分的表达需要突出商品内在属性，比如富含某种营养物质的洗发水，就选择用短视频的方式让消费者更加直观地去感受；明星代言则会用更多画幅去呈现代言人；借助消费者评价也是一种很好的表达商品优点的方式。

商品力的多元化展示

在天猫超市可以购买超划算的加量装，为了突出极致的性价比，在包装上将加量比例直接透出，并把加量部分转化为更贴切地表达，比如加量装洗衣液能多洗多少件衣服，感性与理性的表达让消费者对加量装有了更好的购买体验。加量装提升了商品的价值感，同时也是天猫超市品牌心智的亮点透出。

品牌心智足够直接，扩展性足够高，联合各大品牌快速延展

5. 喜剧直播秀

天猫超市直播间《请您笑纳》喜剧直播秀，联合内容厂牌打造首款竖屏直播综艺，做了一个双十一的好牛推荐。围绕喜剧主题，设计了一个以猫超主品牌铃铛符号为基础，延伸出惊喜趣味的综艺品牌，将铃铛拟人化，与小铛家天猫公仔一同成为喜剧常驻演员，与开心麻花演员和带货明星们，以货品结合社会话题的方式，演绎出一场又一场令人捧腹的笑料内容，传播渠道大量发声，为商家品牌营销提供了一个新的内容传播方式。在淘宝直播的带货场景里，直播界面和舞台设计兼并了大胆复古撞色的综艺感和货品惊喜价格的营销感。竖屏化的舞台布局配合斯坦尼康动态镜头走位方式，增加了直播的现场感和轻松感。

综艺直播之《请您笑纳》

结束语

营销设计是天马行空与理性克制并存。新的场景伴随新的消费需求不断涌现，丰富的新场景对营销场设计师提出了更高的挑战和要求。因此需要集艺术家与经营者为一体，既要懂设计、懂业务，更要懂消费者。思考如何才能深入消费者和消费场景，与商品形成更加细腻的天猫超市品牌营销，这是未来的努力方向。让商业美而简单，一起加油！

INTELLIGENT

「 智能设计 」

DESIGN

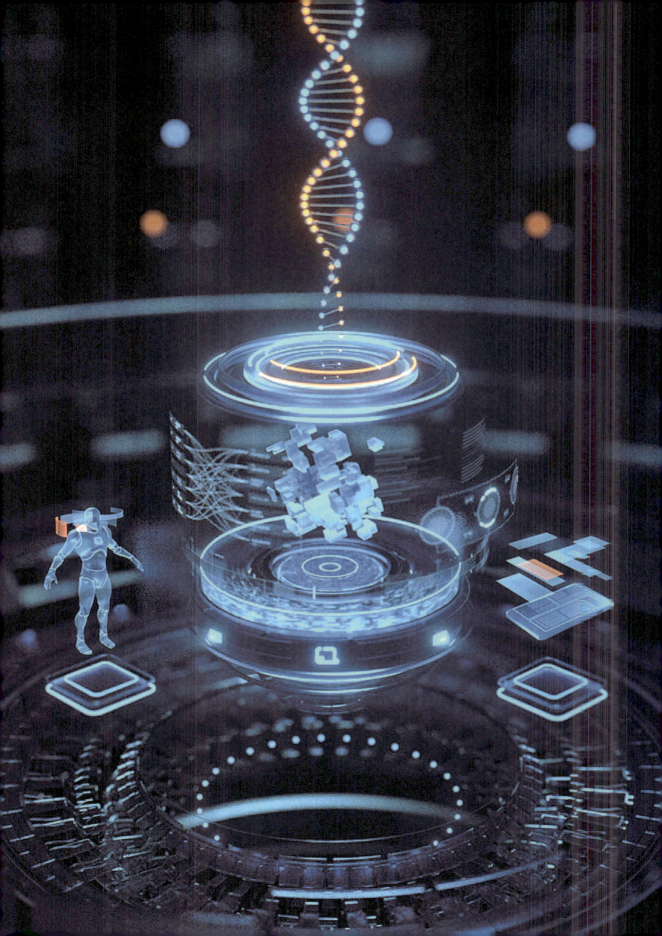

INTELLIGENT UI

5.1

鲸幕
智能 UI 的中台系统

智能设计是提升规
模化设计方案产与
效率的关键手段

前言

从 2008 年智能 UI 首次在双十一大促期间亮相，至今已经参与了 3 届双十一。从最初的尝试到如今基本成
为标准配置，智能 UI 已经用一次次的数据提升证明了界面设计千人千面的价值和潜力。

2020 年的双十一，是智能 UI 首次以中台系统的形式支持各个场景、各个会场智能设计和智能投放的需求。
经过一年的能力整合、功能打磨，建立了一个产品化链路闭环的中台系统——鲸幕。

中台系统建设

鲸幕将智能设计、搭建投放、数据沉淀、机器学习和资产管理等能力进行整合，通过标准化、数字化、智
能化的产品系统，实现方案量产、精准匹配、覆盖扩大等目的，构建运营、设计、技术等角色的工作和生
产新方式，为赋能更多场景业务提供解决方案，达到设计经验沉淀、研发效能提升和前台用户体验提升的
目标。

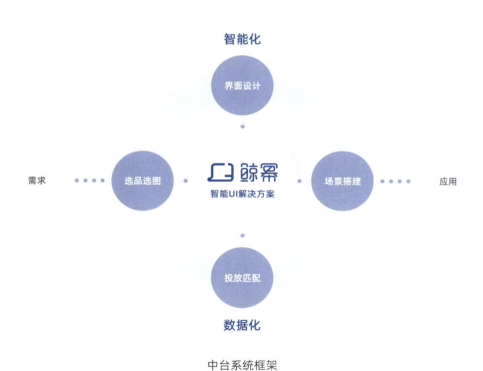

中台系统框架

1. 智能设计工具的建设

随着智能 UI 应用规模的不断扩大，智能 UI 已经逐渐成为双十一等大促营销活动中的必备能力。要在每一个应用场景中做到设计的精细化分层表达，为数亿用户提供个性化的购物体验，就必然涉及大规模的元素、模块和界面的设计和开发需求。传统的人工设计和开发已经远远无法支撑日益增多的业务场景和暴发式增长的设计方案。解放设计与开发的生产力成为迫切需要解决的一个问题。

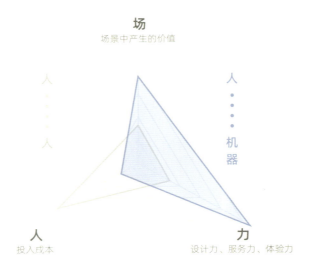

产品化工具降本提效

智能设计的产品化工具应运而生。智能设计改变了传统"业务目标—用户模型—设计策略—界面方案"的设计模式，缩短了"需求"到"方案"的生产链路和时间，减少了运营、设计、开发的人力资源投入，从而加快了多场景的应用覆盖。智能设计是提升规模化设计方案产出效率的关键手段；并且，实现设计方案的智能生成是一个将设计数字化的过程，更有利于紧跟设计趋势进行 UI 的迭代和优化升级。随着算法模型的优化和计算机深度学习的进程，UI 设计素材在计算机的智能组合下能够兼顾效率和效果，遍历生成大规模的备选方案，大大突破了人力设计的边界。

智能设计工具

2. 设计数字资产的建立

以往，无论是 AB 测试还是智能 UI 早期的应用，只有单个业务场景、单个或少量方案和用户偏好、数据反馈之间的关联，很难准确地判断变量和数据变化之间的关系，无法对设计的确定性和价值进行验证。在方案规模扩大、覆盖场景增多的发展趋势下，数据量的爆炸对数据的分析、归因及反哺带来了巨大的挑战。

鲸幂不仅实现了 UI 方案的规模化智能生成，同时也完成了对每个方案、每个设计元素的数字化描述，这样就能突破场景、业务、方案等载体的限制，通过长期的积累、分析、验证、迭代，来解决设计和业务场景、用户偏好、商业目标之间的相互关系。为此，鲸幂构建了一套设计数字化的资产管理体系，从客观表现、内容表达、业务心智和设计语义 4 个维度出发，定义各个维度的属性和属性值，建立从设计、应用到数据回流的产品化闭环，这样结构化和非结构化的设计数据都可以被量化，进而从中获取设计迭代优化的方向。

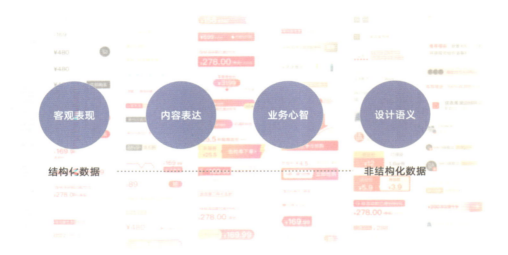

设计数字化体系

随着设计数据化的不断推进，加速整个设计数字化向数据化升级的进程，建立运算设计新范式，完成智能生成和投放从标准化规则到数据化算法的进化，鲸幂必然能够实现实时动态匹配用户需求的智能，提升体验的无限个人化。

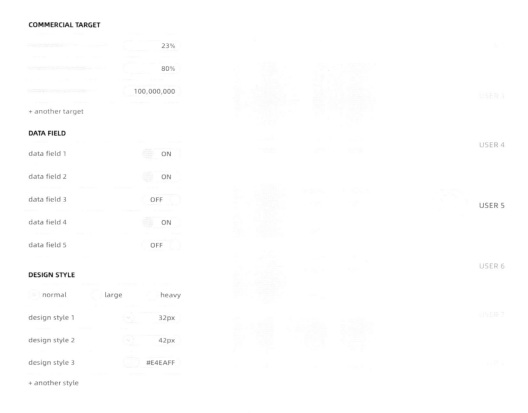

实时动态匹配

数据可视化探索

过去 3 年，鲸幂智能 UI 已经赋能了双十一、双十二、年货节等上百个营销大促和业务场景，智能匹配消费需求数十亿次，提升点击千万次，这些都已沉淀为鲸幂最珍贵的数据资源，成为驱动智能 UI 本身的重要资源。如何利用好数据资源，让数据资源发挥其最大价值变得至关重要。而挖掘数据价值并且有效传递出来，正是数据可视化的拿手好戏。

2020 年双十一期间，智能 UI 在可视化领域有了尝试性突破，针对大促的可视化方案也初次上线展示，用富有张力的视觉语言及趣味化的数据内容策划方式，给观赏者带来与普通数据报表完全别样的感受。让运营、设计、技术等相关业务人员能够及时看到智能 UI 能力背后带来的数据过程和结果数据，辅助他们更好地进行决策分析。

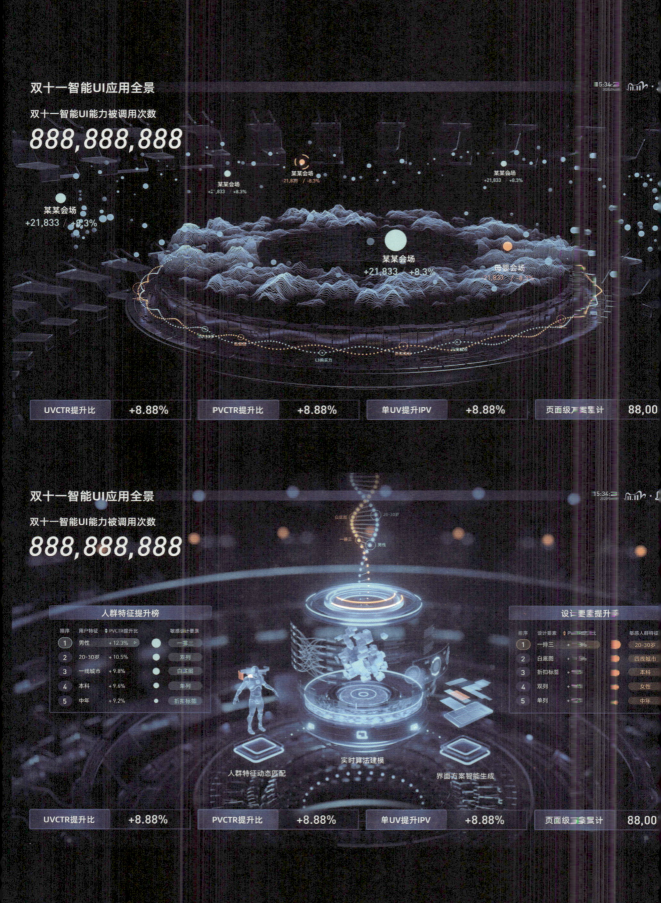

智能UI应用成效

UI PV ■ 总 PV — UV_CTR提升比 — UV引导IPV提升比

PVCTR / %

11/02　11/03　11/04　11/05　11/06　11/07

会场提升比排行

行业会场	♦ PVCTR提升比	设计要素排行
男装会场	15.6%	场景图
女装会场	13.6%	价格标签
家电会场	11.6%	活动标签
手机会场	10.2%	二排三
母婴会场	10.1%	白底图

会场提升量排行

行业会场	♦ IPV增加数	设计要素排行
男装会场	48,230	场景图
女装会场	27,531	价格标签
家电会场	18,588	活动标签
手机会场	13,921	二排三
母婴会场	11,456	白底图

智能UI应用成效

UI PV ■ 总 PV — UV_CTR提升比 — UV引导IPV提升比

PVCTR / %

11/02　11/03　11/04　11/05　11/06　11/07

会场提升比排行

行业会场	♦ PVCTR提升比	设计要素排行
男装会场	15.6%	场景图
女装会场	13.6%	价格标签
家电会场	11.6%	活动标签
手机会场	10.2%	二排三
母婴会场	10.1%	白底图

人群物料关系网格图

特征因子		设计要素
判性		店铺LOGO
城市		长图
子属		一排一
城市		一排二
L3		方图

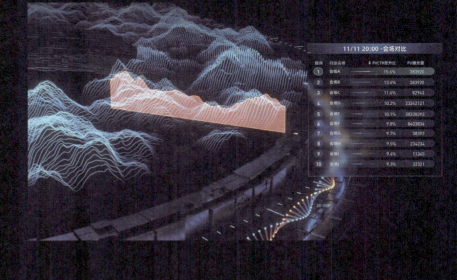

11/11 20:00 - 会场对比

排序	行业会场	♦ PVCTR提升比	PV曝光量
1	会场A	15.6%	383920
2	会场B	13.6%	383920
3	会场C	11.6%	82943
4	会场D	10.2%	23342121
5	会场E	10.1%	38338393
6	会场F	9.8%	8403834
7	会场G	9.7%	38392
8	会场H	9.5%	234234
9	会场I	9.4%	11345
10	会场J	9.3%	32321

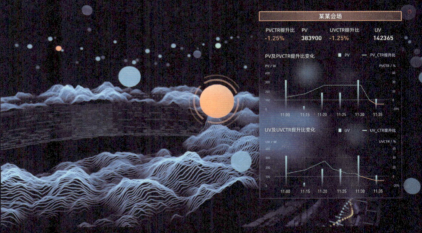

某某会场

PVCTR提升比	PV	UVCTR提升比	UV
-1.25%	383900	-1.25%	142365

PV及PVCTR提升比变化　■ PV　— PV_CTR提升比

PV / W　　　　　　PVCTR / %

11:00　11:15　11:20　11:25　11:30　11:35

UV及UVCTR提升比变化　■ UV　— UV_CTR提升比

V / W　　　　　　UVCTR / %

11:00　11:15　11:20　11:25　11:30　11:35

数据可视化大屏设计

1. 需求梳理，聚焦核心主题

单位时间内一个人能够获取信息的量是有限的，对于大屏这种需要在短时间内传递信息的表达载体来说，前期数据指标的筛选和主次划分非常重要。如何高效地组织这些数据，准确地传递信息并让内容富有趣味感，是可视化设计的难点和重点。要筛选内容，首先要确定展示的主题：价值能力透出和关系规律探索。价值能力重点展示业务拿到的结果，实时展示业务上线过程中价值相关的数据指标。关系规律探索重点关注设计数据的特性，展示人群和设计元素之间的关系规律。

数据可视化设计方法——价值能力透出

数据可视化设计方法——关系规律探索

2. 微观到宏观，阐述因果

大屏从微观和宏观两个观察角度拆成两个屏，宏观角度透出价值主体，实时展示出大促上百个会场的调控效能数据；微观主体透出关系规律，展示业务的底层原理结构，探索人群和设计元素之间的关系规律。

视角变化

微观视角　　　　　　　　　　　　　　**宏观视角**

● **结构串联线索 - DNA链条**
表示人群&设计元素匹配模型，底层算法不断优化人群和设计元素之间的匹配关系，进而让人群能够匹配到高敏界面，最终提升转化

原因　　　　　　　　　　　　　　　　**结果**
底层智能化匹配人群和设计元素　　　　提升用户点击转化，带来商业价值

信息逻辑结构

数据可视化内容展示逻辑

3. 核心视觉剖析，千人千面算法引擎

数据可视化的核心是高效传递数据。炫酷的效果是大屏的第一印象，它的重要性不言而喻，但是仅仅追寻华丽特效来博人眼球，容易忽视背后的业务数据表现，过重的效果也会影响数据内容的表达，从而与数据可视化的初衷背道而驰。所以一个好的大屏设计，应该在效果和数据内容表达上达到平衡，让视觉不仅仅是特效，还是业务数据表达的渠道，让数据之美绽放在数据价值之上。

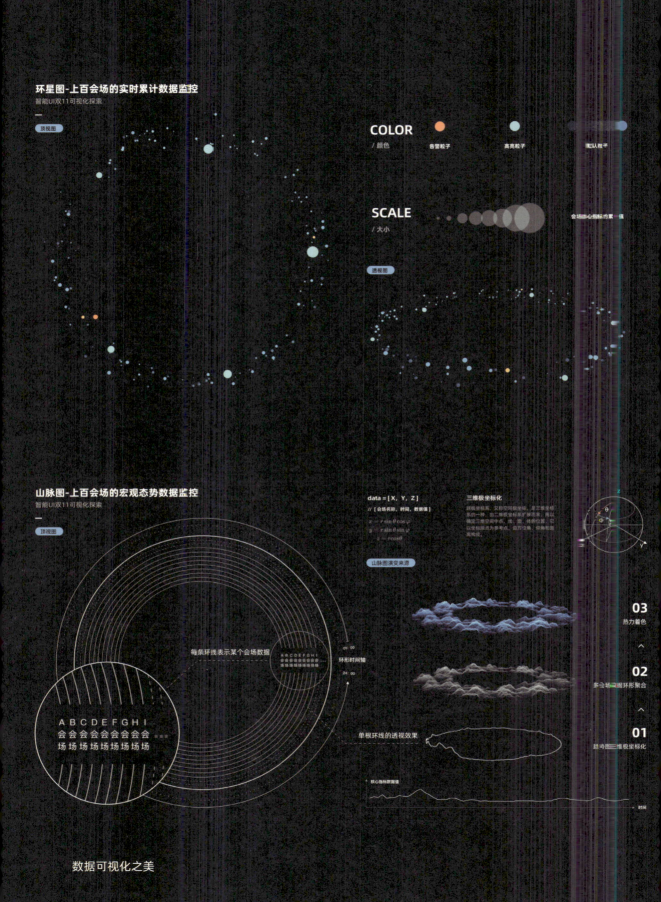

环星图-上百会场的实时累计数据监控
智能UI双11可视化探索
—

顶视图

COLOR
/ 颜色
告警粒子　高亮粒子　　默认粒子

SCALE
/ 大小
会场圆心指标约累一值

透视图

山脉图-上百会场的宏观态势数据监控
智能UI双11可视化探索
—

顶视图

data = [X, Y, Z]
// [会场名称, 时间, 数据值]

$x = r \sin\theta \cos\varphi$
$y = r \sin\theta \sin\varphi$
$z = r\cos\theta$

山脉图演变来源

三维极坐标化
球根坐标系，又称空间极坐标，是三维坐标系的一种，由二维极坐标系扩展而来，用以确定三维空间中点、线、面、体的位置。它以坐标原点为参考点，由方位角、仰角和距离构成。

每条环线表示某个会场数据
ABCDEFGHI
会场会场会场会场会
场场场场场场场场场

环形时间轴
01：00
24：00

单根环线的透视效果

ABCDEFGHI
会会会会会会会会会
场场场场场场场场场

核心指标数据值

时间

03
热力着色

02
多会场数据环形聚合

01
趋势图三维极坐标化

数据可视化之美

总结和展望

鲸幂为智能 UI 提供了设计、研发、投放、归因等功能的产品化解决方案，重新定义了因特网产品的生产力和生产关系。但是，对于人工智能爆发式增长的到来，这也仅仅只是迈出了一小步。当今时代，新技术层出不穷，设计的结构化、数字化、智能化将是必经之路。未来，立足于本次体验，鲸幂将会持续丰富产品矩阵，助力更广阔的商业场景，实现设计价值的普惠。

VIDEO TECHNOLOGY

智能影像
商品表达的创新供给

用影像的手段
提升商品在不
同场的吸引力
表达

前言

当越来越多的自营项目开始在阿里巴巴内部崛起，平台设计师的设计边界也在不断扩大。以往更关注页面、营销场景的设计师需要更多的转型商品的表达，而影像恰恰是商品表达最重要的阵地，如何获得更适合商品表达和设计应用的影像，并能够规模化助力更多的业务和商家，是设计领域的一个新课题。

由此，Alibaba Design 智能影像中心应运而生，希望设计链条能够从智能化的影像素材采集开始，到多种内容形态智能生成和分发，来拓宽商品表达和拓展影像形式。用影像的手段提升商品在不同场及引力表达，从而带来商业转化效率的进一步提升。

Alibaba Design 智能影像中心集成了影像采集设备与影像数据处理系统两大部分，通过智能化的方式全方位采集商品影像矩阵素材。当这些数据化的影像素材进入处理系统后，即可自动化完成抠图、静态内容生成、互动素材制作等工作。

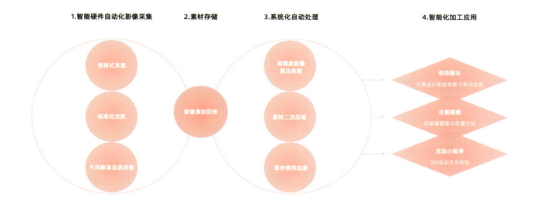

智能影像系统运作示意图

智能影像的多种内容表达

1. 商品动态

时至今日，商品的表达不仅仅是单一的静态图片形式，更多的动效、微动态在各个营销场景不断涌现，动态图相比静态图更能吸引消费者的注意力，并且已经成为营销设计的标配。而智能影像的商品矩阵 360 素材将动态内容的高吸引力和商品全景外观结合起来，通过商品的 360° 全方位动态展示，帮助用户在浏览页面时快速定位动态展示区域，短时间内获取商品外观的核心信息，从而产生进一步深入了解的兴趣。

智能影像的设计师们将动态商品运用在多个导购场景中，并验证了动态化表达所带来的点击效果及商品外观信息提前透传而带来的转化提升。同时，智能影像将外观型商品进行全面采集并通过智能化合成制作的方式，大幅降低动态视频的制作成本，使其在营销场下的批量化制作和应用成为可能。

2. 互动体验

随着直播与短视频的不断普及，人们了解商品信息的习惯从阅览商品详情变成了观看视频流，丰富的内容海洋、个性化的推荐流配对，以及主播们的言传身教，让用户在有限的单位时间内获取了比以往翻倍的信息内容。

但是，电商场景的视频流有自己独特的诉求，内容始终需要围绕商品与服务，只有强化商品的核心特质，才能获得更高的商业转化效率。从这个角度来看，如何让内容中的商品呈现变得更具消费者体感，就成为了一个设计命题。如果用户始终只能被动地浏览内容，而不能主动地与商品互动，在体验维度上显然是不够的。

回顾人们在线下的购物体验，那种聚焦在商品上的把玩感，那种从感官触发而获得的商品体感，很难被一条短视频完全取代。一双皮靴、一个玩具、一个包包，不再只是看看图片那么简单，更需要被触碰、被交互，需要让用户能够自己去控制商品的展示、去感知商品的特质，这就是互动影像体验。

疫情的到来和持续，使得用户对于线上购物的互动内容形态需求越来越迫切，智能影像在期间参与并制作了许多互动式影像导购项目，但其主要存在于狂欢城、造物节等大促营销模块中，很少形成一种固定的消费者心智。原因有很多，一方面源于互动模块对于基础链路的改造成本较高，详情页很难全部承载；另一方面则是因为互动式影像的单商品 SKU 制作成本非常高，往往起步就是上千元的建模成本，复杂的商品甚至破万，很难形成一种在广大商家中都能普适的成本标准。

这些问题急需被解决，Alibaba Design 智能影像中心推动并上线了 3D 互动小程序，在直播间及详情页建立了入口，让用户能够在不同的场景根据自身需求进行商品的沉浸式互动体验，通过主动交互了解商品信息。这种形式不仅提升了停留时长，增加了用户黏性，也加速了用户的决策链路，从而提升整体的导购效率。另外，智能影像通过矩阵化的素材采集和系统化的处理制作，将成本压缩到了一个极低的标准，也为互动体验的快速商业化、助力商家提供了生产能力。

手机淘宝扫描二维码体验多种类型的 360 互动

3. 计算影像

除了动态商品和互动影像，影像中心也开展了另外一种智能设计的发展方向，以创意编程为媒介，基于参数化、可视化、批量化的方式进行内容产出，智能影像中心利用 WebGL、ShaderGraphic 及游戏引擎等进行创意图像制作，将实时渲染技术运用到商业场景中。

期望这种新的创意生产方式能关联淘宝上亿的商品库，通过影像中心的技术与设计手段提升商业指标。影像中心将持续优化创意素材质量，关注素材匹配度及用户的偏好，最终让单一的商品展示变得更加丰富饱满。

参数化素材将很好地解决以下两个业务问题：一是素材的版权、费用及多样化；二是淘宝对于内容的品质把控。参数化背景素材不仅是对美观上的提升，更是影像中心对商品价值的一种追求。参数化方式可以让影像中心以一种低成本、高质量的方式生产影像内容，同时将根据不同品类、商品的风格化，以及参数化模板的覆盖率去考量参数化素材，让传统的白底商业图不再单调枯燥。同时与云技术相配合，即可在短时间内快速、批量地实现最和谐的视觉效果。

通过创意编程生产的动态影像

智能影像在双十一期间的应用

1. 公域会场动态应用

在 2020 年双十一的公域部分，智能影像在服饰、消电行业会场、超级品牌日、88VIP、特选会场、猫客镇店之宝等会场场景中进行了投放。

以往行业会场的版头仅作为该会场的氛围烘托，不具备商品的点击引导功能。从商业角度看，第一屏头部黄金区域有一定的资源浪费。2020 年双十一联合了服饰和消电行业，通过一日一大牌的形式在版头区域制作并投放了大牌的重磅商品，利用动态 360 的方式，全方位地展现商品，并引导点击进入承接页，向用户传达今日大牌重磅商品的独有心智。经过准确的 AB 测试，动态商品版头的点击率远远高于静态商品版头，在入口及橱窗型版头区域具有显著的引导点击作用，同时也提升了整个页面的视觉质感。

当然，动态商品并不适合所有的场景，除了在版头区域投放，还尝试在商品推荐流中投放，整体平均点击率略好于静态，但是动静图差异提升的优势较弱。通过数据分析与对比，不难得出结论，在推荐流中，用户点击受权益和商品品类的影响更大。

未来在公域会场的动态应用中，将更关注版头动态商品表达，挖掘版头的引导价值，从而为商业服务。

智能影像在双十一期间的各会场应用

2. 私域商品互动应用

埃森哲中国消费者调研显示，57% 的消费者购买或表示有兴趣购买虚拟现实或增强现实产品；54% 的消费者希望可以通过虚拟现实和增强现实设备体验想要购买的商品。

而在淘宝这一平台下，低成本、高效率的具有商品增强的互动形式逐渐开花结果，360 互动小程序于 2020 年双十一期间被大量应用，智能影像生产制作的 360 互动占据了整个服饰 3D 会场互动内容的一半以上，这也恰恰说明智能影像的互动内容和成本逐渐被广大商家所接受并使用。

2020 年的双十一，参与智能影像互动的商家除了在详情页、直播间的入口，还在店铺双十一承接页制作了醒目的互动入口，可见商家对这种互动内容的认可。

双十一期间 360 互动在会场、店铺及详情页的入口状态

通过抽样数家 KA 商家的详情页数据与商品互动，可以发现，直接引导转化率及人均停留时长均大幅提升约一倍，这个数据是喜人的，用户对 3D 互动所带来的真实体验和商品外观细节的真实体感大大提升了导购效率，同时因为真实的商品体现，退货率也在一定程度上得到了降低。

正因如此高效的导购效率和转化数据，智能影像 360 互动小程序最终入选了小程序官方评选的购物小程序，直接引导成交金额榜 TOP10 和成交转化率排行榜 TOP10。

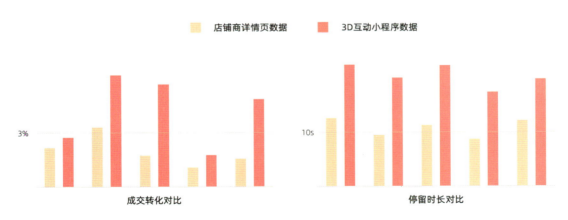

抽样 KA 商家成交转化与停留时长对比

结束语

Alibaba Design 智能影像中心在影像内容的智能化生产及应用上迈出了一小步。未来，将更多地致力于建立智能生产能力与优化素材生产关系，降低影像成本，提升规模化覆盖能力，同时还将持续探索商业影像不同的内容形态，推动影像体验创新，让商业美而简单。

AI GRAPHICS

5.3

鹿班
做更懂你的智能设计

鹿班让商家和用户之间的沟通变得更加高效

前言

作为赋能数百万商家的阿里巴巴智能产品，2019 年双十一期间鹿班累计作图 11.5 亿张，服务了近 汉 万商家。而在 2020 年的双十一期间，仅在预售期和预热期的累计生产规模就已经突破了去年的覆盖数量。在越来越多的商家信任和使用鹿班的同时，2020 年鹿班挖掘了更多能够让商家更加懂得和服务好消费者的信息设计与图像设计能力。尤其是在 2020 年这样一个不同寻常的年份中，鹿班结合大数据和日益完善的用户偏好模型分析，帮助商家获得了更加敏锐的用户意图解读，并呈现出双十一期间最能打动用户完成成交的卖点传递与视觉表现，让商家和用户之间的沟通变得更加高效。

其中最关键的问题是：如何通过数据洞察并理解用户的意图，产出最能打动消费者的设计，帮助商家完成成交呢？

感官层的注意力管理

要想在热闹非凡的双十一营销会场中脱颖而出，首先在视觉效果上要有更加丰富、引人注目的视觉效果。基于电商设计知识图谱而研发的智能配色逻辑可以结合现有的设计框架，根据商家的产品图片自动识别出图像中的物品，区分背景和商品的主体，取出背景中的代表色或背景区域的平均色，应用在整个设计与其他结构中，如高斯模糊区域的滤镜叠加色、遮罩模块的取色；同时还可以根据取到的颜色计算出与之相对应的相邻色、相近色或对比色，以作为色彩搭配的可能性，为设计师的智能创作空间提供更多的可能性，避免了使用同一个设计模板在更换不同的主图素材时，因模板简单而带来的单一感，从而达到换一个素材图如同换掉了整个设计的感觉。在 2020 年双十一期间，智能配色逻辑被全面应用在客户端和商家店铺的物料设计中，并且真正达到了突出商品的目的，从视觉上为商家提升了非常丰富的感官体验升级。

鹿班图像智能识别并匹配对应类型模板

在平面设计领域中稳扎稳打的同时，鹿班也在 3D 立体化与动态化媒介的领域中逐步探寻新的机会。例如，2020 年双十一就通过将首焦广告位结合动态效果的元素合成，让首焦广告呈现分层立体纵深感，更能俘获用户的注意力。过往的主图打标，让每一个宝贝主图上都附着层层叠叠的利益点与营销信息，随着电商平台中短视频素材的日益普及，用户越来越喜欢通过视频的形式来获取更多信息，因此面对以往在主图上信息爆炸级的主图营销打标，通过动态化的分镜将多种不同类型的营销信息自动植入到宝贝主图视频中，将使信息的表达扩展出更多的空间，同时也为用户获取信息带来更好的体验。

鹿班动态化视觉模板效果

认知层的信息获取

精美的商品图片能够第一时间吸引用户的注意力，而要想打动用户，匹配其认知需求，文字的力量更是不容小觑。在 2021 年的双十一活动中，鹿班的智能文案系统首次使用了实时文案优选功能，以往每次活动都需要提前预设出 10 多组文案进行投放，待投放结束后才能看到每一组文案的数据表现情况，所得到的经验和洞见也只能运用在下一次活动中。而实时文案优选能够让预设的文案在投放上线的过程中，通过不断地赛马机制逐渐选出效果最好的几组文字方案来替代效果不好的方案，真正做到无须中途操作、不用事后总结下次调整方案，当次活动的经验直接可以在活动还未下线的过程中得到应用，使投放的效果尽可能地被最大化实现。实时文案优选的能力在保证最优文字方案不断提升曝光量的同时，也会针对不同的人群，自动提取文案中的关键信息进行高亮显示，以确保不同人群的认知差异化需求得到满足和兼顾。

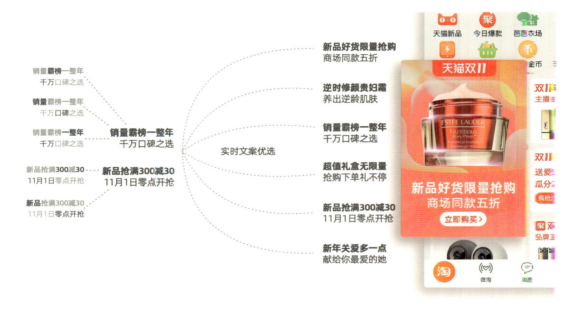

鹿班实时智能文案优选机制

认同层的行为引导

最后是对用户行为认同层的管理，确保消费者在不同场景中能够被更加合理地加以引导。在营销场景的设计表达中，根据不同的语境呈现出恰当的设计表达，能够契合用户在该场景下的信息需求并产生认同感，帮助商家做好在不同场景下对消费者的行为引导。比如在 2020 年双十一的主图打标项目中，鹿班为主图自动合成的主图打标会随着宝贝在全链路的呈现过程中，分别在搜索结果场景、Minidetail 场景和宝贝详情页这 3 个不同的场景中出现。

首先在搜索结果页场景中用户带有明确的采购需求和目标的情况下，往往会对营销价格更加敏感，同时该场景作为同类商品快速对比筛选的场景下，迅速引导用户点击进入某个商品的详情页是当前最核心的行为引导目标，因此主图信息上活动价与原价的对比显得格外重要。同时由于主搜场景下受到空间的限制，活动价格最相关的计算公式则不适合在当前场景中展示，而在价格敏感类用户的宝贝详情页中进行展示，更能引导用户按照价格公式中提到的环节去领券、凑单领补贴。而通过榜单、直播、短视频等导购种草场景进入详情的场景中，延续上一个环节的价值利益点在主图上呈现进一步量化的说明和保障的背书，则更有利于引导用户的加购和收藏。同理，在 Minidetail 这类"逛"的场景中，主图打标的信息结构更偏重于呈现商品的规格、容量和多种 SKU 信息，使用户在同类对比种草的心态下，通过关键的商品信息做出选择的判断。

鹿班全链路信息智能化透出强化行为引导

结束语

作为智能设计的生力军，鹿班始终致力于基于技术、算法并结合商业痛点创造价值，以商家提升效能为基础，对用户的理解挖掘更多的智能设计空间，给设计师提供更多的创新抓手，将智能设计的底层能力不断提升，为设计提供更多使创新思维落地的可能性，共同为商业创出更多的价值。

结束语

—

秋天是一个收获的季节，但却是双十一筹备如火如荼的季节。我们穿着短袖迎着夏天微热的风一路小跑入场，有伴随着初冬第一股南下冷空气完成最后一个设计。前前后后经历 100 余天就是为了能在 2020 年双十一这 20 多天的"再次见面"中，消费者依然还能记得我，信任我。

正如我们期待的那样，2020 年的数字再创新高。在这么严峻的背景下依然显示出强大的消费力，一方面是来自商家的全情投入，一方面是来自消费者"生活在变好"的切身感受。这个数字鼓舞着我们幕后这一帮可爱的设计师们。

但 4982 亿毕竟只是数字，他是一个结果，帮助我们检验双十一筹备工作是否达到消费者预期。却不能告诉我们，我们到底哪里做得还不够好，但在这 4982 的背后，那一个个用户路径上鲜活灵动的指标却能带给我们更多对于品牌宣传、事件、互动、导购等各方面的思考。任何成功的商业都有消费者完整的闭环，我们通过设计与创意来参与消费者服务闭环，陪伴消费者走过认知、兴趣、消费、信任、推荐等一系列路径做好每一个与消费者接触的内容，这才是我们设计应该做的，也值得为此奋斗的事业。

让数字也仅仅成为数字，它值得庆祝，也应该快速忘记。来自各平台各商家的设计师朋友们，我们有竞争有合作，但我们互相欣赏且相互分享。让我们一起努力，从心出发，为全球消费者持续提供一个更安全、更丰富、更有品质也更印象深刻的双十一，我们 2021 年双十一再见！

致敬

让商业美而简单！

2020 双十一设计项目组全体同仁

Alibaba Design

Alibaba Design

让商业美而简单

Alibaba Design 由阿里巴巴旗下 40 余个设计团队组成，囊括了淘宝、天猫、飞猪、国际用户体验、蚂蚁金服、阿里云、阿里妈妈、菜鸟网络、大文娱、口碑、钉钉、阿里拍卖、闲鱼等在内，拥有 2000 多名设计师。Alibaba Design 为全球各地在消费、金融、物流、生活、娱乐、教育、商业赋能等领域的用户提供体验支撑。

Alibaba Design 肩负着"让商业美而简单"的使命，让技术、产品和服务通过设计而美观、简单、好用，一点一滴改变着数以亿计消费者的生活。

Alibaba Design 官方公众号

体验设计

洞察核心与独立的设计价值机会点输出全链路用户体验策略和创新概念方案。

创意设计

以创意内容和设计能力为基础对品牌、营销、产品进行呈现体验和感知的整体设计。

用户研究

将消费者洞察和大数据结合提供整体实现策略支持确定核心问题及创新方向。

内容策划

以用户和数据为依托制定产品文本体验优化策略和执行方案。

工业设计

以用户本验和人机交互为前提结合商业销售策略提出设计概念和系统设计方案。